JE[...]
Y LOS MA[...]
DEL MAR MUERTO

JESÚS
Y LOS MANUSCRITOS
DEL MAR MUERTO

CÉSAR VIDAL

 Planeta

© César Vidal Manzanares, 2006
© Editorial Planeta, S. A., 2006
Diagonal, 662-664, 08034 Barcelona (España)

Ilustración del interior: Erich Lessing/Album, West Semitic
Research/Dead Sea Scrolls Foundation/Corbis, Bridgeman
Art Library/Index, Richard T. Nowitz/Corbis, Luciano
Pedicino-Alinari Archives/Corbis, IGDA, Bojan
Brecelj/Corbis, Massimo Listri/Corbis, Araldo de
Luca/Corbis, National Gallery Collection; By kind
permission of the Trustees of the National Gallery,
London/Corbis, Alinary Archives/Corbis, Sandro
Vannini/Corbis, Summerfield Press/Corbis, Richard T.
Nowitz/Corbis

Primera edición: febrero de 2006
Depósito Legal: M. 2.137-2006
ISBN 84-08-06528-9
Composición: Ormograf, S. A.
Impresión y encuadernación: Brosmac, S. L.
Printed in Spain - Impreso en España

Índice

Índice de abreviaturas

AGJU   *Arbeiten zur Geschichte des antiken Judentums und des Urchristentums*

AGSU   *Arbeiten zur Geschichte des Spätjudentums und Urchristentums*

AJSL   *American Journal of Semitic Languages and Literatures*

BA   *Biblical Archaeologist*

BASOR   *Bulletin of the American Schools of Oriental Research*

Bsac   *Bibliotheca Sacra*

BJRL   *Bulletin of the John Rylands University Library of Manchester*

BTB   *Biblical Theology Bulletin*

BZ   *Biblische Zeitschrift*

BZNW   *Beihefte zur Zeitschrift für die Neutestamentliche Wissenschaft*

CBQ   *Catholic Biblical Quarterly*

CQR   *Church Quarterly Review*

CRINT   *Compendia rerum iudaicarum ad novum testamentum*

DJG   *Dictionary of Jesus and the Gospels, Leicester, 1992*

DT   *Diccionario de Teología*
EncJud   *Encyclopedia Judaica*
Ephem Théolo   *Ephemerides Theologicae*
EvQ   *Evangelical Quarterly*
ExpT   *Expository Times*
JBL   *Journal of Biblical Literature*
JRS   *Journal of Roman Studies*
JSJ   *Journal for the Study of Judaism in the Persian, Hellenis-tic and Roman Period*
JSNT   *Journal for the Study of the New Testament*
JTS   *Journal of Theological Studies*
LA   *Liber Annuus*
NovTest   *Novum Testamentum*
NRT   *Nouvelle Révue Théologique*
PCB   *Peake's Commentary on the Bible*, Londres, 1962
RB   *Revue Biblique*
RevQ   *Revue de Qumran*
Rev Sc ph th   *Révue des Sciences philosophiques et théologi-ques*
RSR   *Recherches de Science Religieuse*
SBT   *Studies in Biblical Theology*
SE   *Studia Evangelica*
SJT   *Scottish Journal of Theology*
TLZ   *Theologische Literaturzeitung*
TZ   *Theologische Zeitschrift*
ZNW   *Zeitschrift für die neutestamentliche Wissenschaft*

Introducción

El descubrimiento en 1947 de una serie de manuscritos en las cercanías del mar Muerto constituye uno de los hitos más importantes no sólo de la historia de la arqueología contemporánea, sino también de la investigación sobre el Antiguo Oriente, así como de la relacionada con el judaísmo primitivo y los orígenes del cristianismo. Al igual que si de un regalo caído del cielo se tratara, en un espacio relativamente corto, se hizo posible acceder a un material escrito de dimensiones difícilmente comparables, tanto por su cuantía como por su variedad e importancia.

El hecho de que los manuscritos recuperados estuvieran impresionantemente cercanos a la geografía y a la época de Jesús añadió, desde casi los mismos inicios, un interés especial al descubrimiento. ¿Acaso enseñarían los documentos del mar Muerto algo desconocido sobre Jesús? ¿Nos revelarían claves ignotas sobre el nacimiento del cristianismo? ¿Había tenido el maestro de Nazaret alguna relación con aquel grupo tan poco conocido hasta entonces? ¿Sería el cristianismo una simple rama del esenismo? Éstas y otras preguntas parecidas resultaban inevitables e incluso obligatorias y, muy pronto, se articularon respuestas a las mismas aunque, lamentablemente, a menudo adolecieron de falta de planteamiento científico.

En 1950, A. Dupont Sommer, uno de los primeros estudiosos sobre el tema, declaró en público que los rollos contenían datos sobre un personaje conocido como el Maestro de Justicia y que, a la luz de los mismos, Jesús aparecía como una «sorprendente reencarnación» del mismo. J. Allegro, miembro del equipo de eruditos ocupado en el estudio de los manuscritos, afirmó asimismo en 1956 que el Maestro de Justicia también había sido crucificado y que sus discípulos esperaban su resurrección y retorno, trazando así evidentes paralelismos con el Jesús del que nos habla el Nuevo Testamento. El hecho de que los propios documentos tardaran en publicarse sólo sirvió para atizar el fuego de los misterios y las elucubraciones. ¿Habría sido Jesús un esenio? ¿Sería Qumrán el lugar del desierto donde estuvo tras ser bautizado por Juan el Bautista? ¿Fue el cristianismo un esenismo con Mesías ya venido? ¿Existía una conspiración encaminada a ocultar la verdad al gran público? ¿Sería la publicación de los rollos del mar Muerto un golpe dirigido al corazón de las grandes religiones monoteístas? Estas preguntas incluso han vuelto a plantearse de manera especial tras la publicación de algunos bestsellers como el famoso *Código Da Vinci* donde se insiste en que los documentos del mar Muerto contienen una visión alternativa –heterodoxa y fidedigna– de la vida de Jesús. No resulta en absoluto extraño que el hombre de la calle se pregunte hasta qué punto afirmaciones de ese tipo se corresponden con la realidad.

Lo cierto es que, tras la publicación completa de los documentos del mar Muerto, ésas y otras cuestiones pueden recibir una respuesta definitiva que, en buena medida, se intuía desde hacía décadas. De hecho, la historia de los esenios de

Qumrán puede hoy ser trazada sin problemas en sus líneas fundamentales. En el año 176 a. J.C., Antíoco IV Epífanes se ciñó la corona del Imperio seléucida, un imperio al que pertenecía la tierra de Israel. El nuevo rey no tenía un especial interés por los judíos pero al acceder al trono se produjo un acontecimiento que le llevaría a prestar una atención especial a este pueblo. Un judío que se llamaba Jasón visitó al nuevo monarca y le prometió tanto una generosa suma de dinero como el llevar a cabo una campaña de helenización en Jerusalén. Lo que pedía a cambio era ser nombrado sumo sacerdote de los judíos en lugar de su hermano Onías. Antíoco IV decidió aceptar el ofrecimiento de aquel nuevo –e inesperado– aliado y el nuevo sumo sacerdote estableció un gimnasio en Jerusalén y constituyó un efebo o club atlético como era corriente en las ciudades griegas. Daba así inicio a una clara política de helenización. Por desgracia para el nuevo sumo sacerdote, la lealtad de Antíoco IV sólo duraba mientras había dinero y así un tal Menelao pudo comprar a Antíoco el cargo sumosacerdotal por una suma superior en trescientos talentos a la entregada por Jasón.

En el año 168 a. J.C. concluyó con la derrota de Antíoco IV la sexta guerra siria (170-168 a. J.C.). Al año siguiente, el monarca seléucida decidió abolir la religión judía. Se prohibió la circuncisión; se obligó al consumo de alimentos considerados impuros por la religión judía; se suspendió el ritual del templo de Jerusalén, único existente de acuerdo con la ley mosaica; se ordenó la destrucción de los libros sagrados judíos; y se prohibió celebrar el sabbat. En diciembre de aquel mismo año, como consumación de aquella política de marcado acento antisemita, en el templo de Jerusalén, por orden expresa de Antíoco IV, se erigió un altar a Zeus Olímpico, al que se adoró bajo el nombre de Ba'al Shamen (señor del cielo).

La profanación era tan evidente, los sentimientos religiosos de los judíos habían sido pisoteados de tal manera, la humillación resultaba tan dolorosa que no es extraño que la respuesta no se hiciera esperar. En Modín, un sacerdote llamado Matatías mató a un funcionario real que había invitado al pueblo a adorar una imagen, un acto totalmente contrario al mandato divino recogido en Éxodo 20, 4-5. Comenzó así una revuelta encabezada por Matatías y su familia. El sacerdote murió en el 166 a. J.C. pero la antorcha de la sublevación pasó entonces a su hijo Judas. Durante los dos años siguientes, Judas –apodado el Martillo o Macabeo– derrotó a cuatro ejércitos seléucidas, una inesperada circunstancia que obligó a Antíoco IV a plantearse la conveniencia de entablar conversiones de paz.

El deseo de Antíoco era llegar a una solución de compromiso en virtud de la cual se anularía la prohibición de las prácticas religiosas judías pero se mantendría a Menelao como sumo sacerdote. Sin duda, se trataba de un avance pero no dejaba de quedar de manifiesto un control intolerable de la vida espiritual judía por parte de Antíoco. No resulta en absoluto extraño que tanto Judas Macabeo como los judíos piadosos a los que se denomina convencionalmente «hasidim» decidieran que la opción no resultaba aceptable y continuaran la lucha.

Una vez más, los rebeldes judíos lograron imponerse a sus enemigos. Así, ocuparon la zona del profanado templo, la limpiaron de todos los restos de idolatría y se prepararon para librar al país de cualquier presencia extranjera.

En este período histórico concreto ya existía el grupo del que se desgajaría la comunidad del mar Muerto. En uno de los manuscritos del mar Muerto conocido como el Documento de Damasco (CD) se indica cómo el movimiento surgió a los 390 años de la derrota de Judá por parte de Nabucodonosor, rey de Babilonia. En palabras del autor del documento, en esa época, Dios hizo surgir de Israel y de Aarón un retoño del plantío para que poseyera su tierra (CD 1, 6-8). También se nos narra en esta fuente cómo al principio anduvo veinte años a ciegas y entonces surgió una figura de enorme trascendencia a la que se denomina Maestro de Justicia.

Ciertamente, los cálculos cronológicos realizados por los judíos de la época no resultan fiables hasta sus mínimos detalles, pero del dato consignado en el Documento de Damasco parece desprenderse que el grupo surgió, grosso modo, antes de la época de los Macabeos. Con todo, hasta que éstos se sublevaron contra Antíoco IV no decidió tomar parte activa en la vida de Israel.

Sigue siendo discutido dónde apareció el colectivo. Generalmente, se ha señalado que su nacimiento tuvo lugar durante el período helenístico en Judea pero, a nuestro juicio, hay poderosas razones para pensar que pudo incluso tener su origen en Babilonia. Fuera como fuese, los esenios ya estaban en Judea cuando se produjo la sublevación de Matatías y sus hijos. Muy posiblemente, esperaban que los Macabeos procederían a restaurar la vida espiritual de la nación. La realidad, sin embargo, resultó muy diferente.

Cuando murió Antíoco IV, en mayo del 163 a. J.C., Judas sitió la fortaleza regia del Acra. La respuesta de los seléucidas fue contundente. En Betzacarías, a unos diez kilómetros de Bet-Sur, los ejércitos seléucidas se enfrentaron con el rebelde judío. Judas resultó derrotado y su hermano Eleazar, muerto. De no ser porque los conflictos sucesorios en que se veía envuelto el reino obligaron al general griego Lisias a retirarse, lo más seguro es que el mismo montículo sobre el que se asentaba el templo hubiera caído una vez más en manos paganas.

Para conservar lo conseguido hasta ese momento, Lisias ofreció a los Macabeos una paz en condiciones realmente generosas. Confirmó la libertad religiosa que habían disfrutado últimamente los judíos, así como la restitución del templo, y depuso a Menelao del cargo de sumo sacerdote. En su lugar, ocupó tal dignidad un tal Alcimo que era de linaje sacerdotal, de la estirpe de Aarón, aunque no fuera miembro de la familia de los Oníadas.

En el 159 a. J.C., falleció el sumo sacerdote Alcimo. Dos años después, y ante la retirada del ejército seléucida, Jonatán Macabeo –que había sucedido a su hermano Judas– concluyó una tregua con sus adversarios que duró hasta el 152 a. J.C. El seléucida Alejandro Balas nombró entonces a Jonatán sumo sacerdote de los judíos, un acto que carecía de legitimidad dinástica, pero que ponía de manifiesto el interés de aquél no tanto por liberar a su pueblo como por detentar el poder máximo. Ni siquiera el fracaso de Balas en el año 145 a. J.C. cambió ya la situación. Demetrio, su vencedor, confirmó a Jonatán como sumo sacerdote y gobernador del territorio. Además, lo nombró miembro del grupo de sus Primeros Amigos.

Semejante circunstancia –que ponía de manifiesto la estrecha colaboración entre los odiados paganos de ayer y los dirigentes judíos de hoy– debió de provocar una profunda decepción entre los esenios. ¿Cómo era posible que los que habían dirigido al pueblo de Israel compadrearan de esa manera con los que habían profanado el templo? ¿Cómo se podía justificar una alianza entre una cultura monoteísta y amante de la libertad con otra que se caracterizaba por su idolatría y el culto al despotismo? ¿Para llegar a esa conclusión habían combatido los rebeldes durante años? Preguntas de este tipo fueron planteadas, sin duda alguna, por no pocos judíos de la época y entre ellos por algún sector de los esenios. Fue precisamente entonces cuando surgió el personaje al que los documentos del mar Muerto denominan el Maestro de Justicia.

Según el mismo Documento de Damasco, su llegada resultó providencial y se debió a la misericordia de Dios, que se había compadecido de aquellos que lo buscaban. Siguiendo al Maestro de Justicia podrían ahora servirle por la senda de su corazón. Sin duda, estaban convencidos de la veracidad de aquellas conclusiones, pero el episodio provocó la ruptura del colectivo. De hecho, hubo un grupo que optó por no obedecer al Maestro de Justicia. Sus componentes aparecen precisamente en los documentos del mar Muerto señalados como «los que buscan el camino fácil», «los que quitan los límites» y «los que alzan el muro». Se trataría, pues, de gente a la que se veía como entregados a una visión laxa de la moral, como desprovistos de márgenes claros (o dignos) en su ética y como interpuestos entre Dios y el pueblo de Israel, impidiendo a éste vivir de la manera adecuada.

Por lo que se refiere al jefe del partido que no se unió al Maestro de Justicia aparece calificado —no podía ser menos— como el «embaucador», «el embustero» y «el que vomita mentiras». En otras palabras, no dejaba de ser un estafador espiritual cuya fuerza residía en la mentira.

La única salida honrosa para esa lamentable situación, a juicio del Maestro de Justicia y de sus seguidores, era dirigirse a un lugar donde se pudiera servir a Dios correctamente, lejos del culto, a su juicio prostituido, de Jerusalén. Fue así como marcharon al desierto, a Qumrán, para establecer una nueva comunidad.

El estudio de la comunidad de Qumrán, cuyos inicios históricos acabamos de describir brevemente, ha constituido uno de los temas recurrentes en mi labor como investigador de la Antigüedad y de la Historia de las religiones. Aunque las fuentes qumraníes fueron un referente continuo al estudiar el judeocristianismo palestino durante el s. I, lo cierto es que el primer fruto directamente derivado de ese contacto fue la elaboración de una historia de los esenios que permitiera reconstruir su trayectoria vital desde sus oscuros orígenes hasta la Edad Media.[1] Con posterioridad, y guiado por el deseo de acercar al gran público el contenido y la ideología presentes en los documentos del mar Muerto, redacté una introducción sencilla a la inmensa biblioteca de Qumrán.[2] La presente obra es, finalmente, la conclusión de esa labor investigadora general y un intento de cerrar el ciclo allí donde se inició precisamente: en el estudio comparativo de las fuentes históricas qumraníes y neotestamentarias. Esta obra pretende describir y analizar las presuntas relaciones entre los hallazgos de Qumrán y los datos consignados en el Nuevo Testamento acerca de Jesús y el movimiento fundado por él.

Se trata, sin duda, de un esfuerzo investigador desarrollado en torno a una metodología propia de la ciencia histórica y, por ello, parte del análisis primordial de las fuentes de ese tipo.

Tres aspectos bien concretos he deseado abordar en la presente obra. En primer lugar, he trazado un cuadro, forzosamente conciso, de las existencias y de las personalidades del Maestro de Justicia y de Jesús. Poder encuadrar a ambos en su contexto y delimitar su contenido histórico resulta indispensable para analizar, con un mínimo rigor, las posibles relaciones entre ellos y los movimientos que fundaron.

A continuación he abordado las características de los grupos fundados por ambos, si bien me he circunscrito cronológicamente al período de vida de Jesús sin entrar en el cristianismo inmediatamente posterior al mismo. Resulta obvio que el desarrollo de la comunidad de Jesús, tras la muer-

---

1. C. Vidal, *Los esenios y los rollos del mar Muerto*, Barcelona, 1993.

2. C. Vidal, *Los manuscritos del mar Muerto*, Madrid, 1993, y *Los rollos del mar Muerto: toda la verdad*, Madrid, 1994.

te de éste, implicó la adopción de formas nacidas al calor de los retos que se iban presentando y que no habían sido creadas por el fundador. Precisamente por ello, una comparación entre el esenismo de Qumrán y el cristianismo primitivo –sea judeocristianismo, sea paulinismo, sea joanismo– tiene la suficiente entidad propia como para exigir un estudio monográfico específico que no llevaremos a cabo aquí.

La tercera área tratada en la presente obra es la referida al contenido de los mensajes respectivos predicados por Jesús y por los esenios de Qumrán. Abordar esa cuestión constituye un paso indispensable para poder responder de una manera clara y breve a la conclusión que se plantea el presente estudio: por qué el esenismo qumraní pereció mientras que el cristianismo sobrevivió hasta convertirse en una religión universal.

Actualmente todas las cuestiones mencionadas pueden ser estudiadas a cabalidad, y con el estudio de las mismas podemos arrojar considerable luz sobre las raíces históricas del judaísmo posterior al segundo templo y del cristianismo primitivo. Es lo que he pretendido en las siguientes páginas pero, como siempre, el resultado final de este empeño investigador sólo podrá juzgarlo el paciente lector.

Invierno de 2005.
Qumrán-Jerusalén-Miami-Madrid.

PRIMERA PARTE

El Maestro de Justicia y Jesús de Nazaret: dos enigmas históricos

CAPÍTULO PRIMERO

El enigma del Maestro de Justicia

El Maestro de Justicia, un disidente conservador

Como pudimos ver en la introducción, la figura del Maestro de Justicia (MJ) resulta de una innegable relevancia para poder comprender la historia de los esenios en general y de la comunidad de Qumrán en particular. De hecho, sin él puede darse por seguro que el mencionado colectivo nunca hubiera llegado a existir. La arqueología, la paleografía, el análisis espectográfico y la crítica interna de las fuentes pusieron de manifiesto ya hace tiempo que el Maestro de Justicia se separó del resto de la nación de Israel en la segunda mitad del s. II a. J.C.

Sabemos asimismo que su refugio a orillas del mar Muerto no fue del todo pacífico ya que su archienemigo, Jonatán Macabeo, lo persiguió hasta su lugar de retiro, y durante la festividad del Yom Kipur (día de la expiación), aprovechándose del respeto que la comunidad de Qumrán tenía por esta festividad, saqueó los bienes del colectivo. Por último, nos consta que el Maestro de Justicia falleció en Qumrán sin ver cumplidas sus esperanzas de contemplar un templo de Jerusalén cuyas actividades se ciñeran a su especial cosmovisión.

Pese a todo lo anterior, ciertamente, los datos históricos que poseemos sobre el Maestro de Justicia son muy limitados. Desconocemos, por ejemplo, cuál era su nombre y nos vemos obligados a seguir utilizando, de manera convencional, el título que en relación con el mismo aparece en los documentos de Qumrán. Al mismo tiempo, ignoramos su lugar de nacimiento, su linaje (con matices) y su vida anterior a Qumrán (salvo los aspectos mencionados).

En cierta medida, en el estudio de este personaje se produce una paradoja inversa a la situación que hallamos en otros sujetos históricos. Si contamos con noticias muy sucintas en relación con su trayectoria histórica, no es menos cierto que son relativa y comparativamente abundantes las derivadas de su persona concreta. Tal situación deriva de dos circunstancias concretas. La primera es que la comunidad de Qumrán veía proyectada en las Escrituras su propia vivencia personal y colectiva. Ciertamente, si uno lee los textos bíblicos interpretados por la gente de Qumrán, la exégesis del mismo nos parece forzada y claramente sobreimpuesta sobre un texto que habla de algo muy diferente. Sin embargo, para los esenios distaba mucho de ser así. Partiendo de su óptica concreta, los textos del mar Muerto proporcionan, de manera aislada pero repetida, datos que nos permiten ir acumulando detalles sobre el Maestro de Justicia.

La segunda circunstancia es que contamos con un conjunto de obras, como las Hodayot, presumiblemente escritas por el Maestro de Justicia, que nos abren lo más hondo de su alma y de sus sentimientos espirituales.

Veamos una referencia concreta del primer aspecto. Si examinamos, por ejemplo, el Pesher de los Salmos hallado en la cueva 4 de Qumrán, y más concretamente el pasaje donde se interpreta el salmo 37, 23-4, podemos ver que en el mismo se afirma lo siguiente:

Pues por YHVH[1] son asegurados (los pasos del hombre). Se deleita en su camino. Aunque tropiece, no caerá, porque YHVH (sujeta su mano). La interpretación se refiere al Sacerdote, el Maestro de (Justicia, al que) Dios eligió para estar (ante sí, porque) lo constituyó para edificar mediante él la congregación (de sus elegidos) (y en)derezó su camino en verdad. [4Q PESHER SALMOS 3, 14-7.]

De lo expuesto en ese texto se deriva que el Maestro de Justicia pertenecía a la tribu de Leví, ya que el sacerdocio se hallaba circunscrito a la misma de acuerdo a la ley mosaica (Deuteronomio 10, 8-9). Esta tribu contaba con diversas familias y sería interesante saber a cuál de ellas pertenecía el Maestro de Justicia. Lamentablemente, en este aspecto concreto, no podemos ir más allá de un grado razonable de probabilidad. Lo más posible es que el Maestro de Justicia perteneciera a la estirpe de Sadoc o Zadok si atendemos al papel que la misma desempeñó en la comunidad del mar Muerto y al hecho de que la ley mosaica se consideraba correctamente interpretada de acuerdo con aquélla. Incluso no puede descartarse que el Maestro de Justicia fuera un candidato a desempeñar la función de sumo sacerdote. Pero estas posibilidades no pueden trascender de una probabilidad hasta ahora indemostrable.

Más allá del dato de su carácter sacerdotal, no podemos afirmar nada con certeza. Sin embargo, esta circunstancia tuvo unas consecuencias radicales sobre su existencia. La razón fundamental hay que encontrarla en el hecho de que el

---

1. Hemos optado por transcribir literalmente el *tetragrameton* con que se escribía el nombre de Dios en el Antiguo Testamento. La versión Jehová —antigua en castellano— no es correcta, pero tampoco puede asegurarse que lo sea Yahvéh.

Maestro de Justicia no se limitaba a pretender ejercer sus tareas sacerdotales, sino que además abogaba por la tesis de que era un firme y veraz continuador de la única tradición interpretativa correcta en relación con la Torá de Moisés, con la ley entregada por Dios al pueblo de Israel.

De aquí se desprendían dos hechos que tendrían especial relevancia en la historia de la comunidad de Qumrán. El primero es que, a diferencia de otros grupos esenios, los seguidores del Maestro de Justicia rechazaron en bloque el sistema religioso que giraba en torno al templo de Jerusalén desde el momento en que los Macabeos, vencedores en su enfrentamiento contra Antíoco IV, pasaron a ser los gobernantes efectivos, religiosos y políticos de Israel. De esta circunstancia se desprendió que no participaran en ninguna de sus festividades y ceremonias.

El segundo, de mayor trascendencia si cabe, es que, como alternativa al sistema vilipendiado, el Maestro de Justicia y sus seguidores optaron por la constitución de otro alternativo enclavado en Qumrán. En suma, era un sacerdote disidente, cuya rebeldía tenía como finalidad no la revolución o la innovación sino el respeto conservador a una tradición religiosa concreta.

El Maestro de Justicia, un pecador iluminado

No obstante, sería erróneo pensar que el Maestro de Justicia era un mero garante de la tradición, un simple transmisor de una hermenéutica, un sencillo intérprete de la ley de Dios. Junto con la pretensión legitimista que ya hemos indicado, lo que encontramos en las fuentes del mar Muerto es, a la vez, una profunda convicción de que él mismo poseía una revelación específica a la que nadie había tenido acceso con anterioridad. Lo que contemplamos en Qumrán es que si el Maestro de Justicia da gracias a Dios es no sólo porque le permite continuar una línea de cumplimiento de la Torá, sino también porque le ha revelado secretos desconocidos e ignotos (1 QH 4, 9); porque mediante su espíritu ha llegado a conocer (1 QH 5, 24-5); porque ha sido adoctrinado directamente por Dios (1Q Hodayot b).

Esta iluminación especial constituía un privilegio inmerecido que situaba al Maestro de Justicia a una altura incomparable en relación con sus coetáneos, aunque eso no disminuía en un ápice su miserable condición humana (1 QH 9, 21-3).

La sensación de pecado que encontramos en las autodescripciones del Maestro de Justicia no es excepcional, en absoluto, en el judaísmo bíblico y, en no pocas ocasiones, deriva no de la trasgresión consciente de una norma moral (¡mucho menos de una sensación de difusa imperfección!) cuanto de una comparación entre la santidad de Dios y la pecaminosidad de la naturaleza humana. Los ejemplos son abundantes y significativos. El Abraham que se describió como polvo y ceniza (Génesis 18, 27); el Isaías que, en el momento de su vocación, se contempla como de labios impuros porque ha visto al Rey, a YHVH Tsevaot (Isaías 6, 5) o que afirma que incluso las obras de justicia humana son como trapos de menstruación (Isaías 64, 6); o el Qohelet, que insiste en que todo es vanidad (Eclesiastés 1, 2) y en que lo torcido no se puede enderezar (Eclesiastés 1, 14-5) resultan antepasados espirituales, al menos en ese aspecto, de la visión del Maestro de Justicia. En todos los casos, nos encontramos con individuos dotados de una notable talla espiritual a los que el común de los mortales consideraría seguramente por encima de ellos. Sin embargo, en esos espíritus sensibles existe la convicción de que distan mucho de ser perfectos, de que abrigan en su interior la fragilidad humana más obvia y de que, comparados con la infinita bondad y misericordia de Dios, son inmundos. No se trataba de un sentimiento patológico o de una falta de lo que ahora denominaríamos autoestima. Era la simple constatación —sincera y veraz— de la condición humana incluso cuando ésta asciende a determinadas alturas espirituales.

La sensación de la propia pecaminosidad es una de las características omnipresentes en las Hodayot. No es que ésa fuera una experiencia aislada ya que, de hecho, en los documentos del mar Muerto, al igual que en la Biblia, se afirma que ningún viviente es justo ante la presencia de Dios (11 Q 24, 7). Sin embargo, evidentemente, el Maestro de Justicia la sentía de una manera especialmente dolorosa (1 QH 22, 4; 6, 2).

De esa constatación del carácter intrínsecamente perverso del ser humano sólo podían desprenderse, a su juicio, dos consecuencias. La primera era que el hombre es incapaz de salvarse por sus propios méritos y que la salvación sólo podía proceder de la acción libre de Dios (1 QH 5, 23; 12, 29-30 y 37-8; 15, 17-8; 17, 14-5). La segunda es que esa iniciativa de Dios se expresaba a través de un doble decreto de predestinación en virtud del cual disponía la salvación eterna de unos y la ruina eterna de otros (1 QH 18, 5-9; 7, 20; 7, 21; etc.).

Partiendo de esas bases, no resulta muy difícil comprender la mentalidad específica del Maestro de Justicia. Humanamente, podía considerarse fracasado. Incluso por su naturaleza resultaban indiscutibles sus terribles limitaciones espirituales. Sin embargo, sobre ese cuadro desolador se alzaba la firme convicción de haber sido objeto de una elección especial de Dios, de un llamado forjado antes de los siglos que no sólo lo había encaminado por la senda de la salvación —como a otros predestinados— sino que además lo había convertido en garante de la verdadera interpretación de la Torá y receptor de una nueva revelación.

El Maestro de Justicia, maestro por antonomasia

El breve examen que hemos realizado en las páginas anteriores nos permite comprender con claridad por qué el personaje histórico al que nos estamos refiriendo recibió, por antonomasia, el título de Maestro de Justicia o Maestro de rectitud. A juicio de sus seguidores, en este personaje se daban cita no sólo la enseñanza de la verdad que llevaba a la vida eterna (1 QH 12, 27), sino también una rectitud de conducta auténticamente intachable.

Ciertamente, el Maestro de Justicia no era el Mesías —ni fue considerado como tal por sus seguidores— pero poco podían dudar éstos de su absoluta pureza de vida y de su fidelidad hasta el último momento de su existencia. De hecho, esta visión explica el que en algunas ocasiones el Maestro de Justicia aparezca en los documentos del mar Muerto como un ejemplo del justo perseguido al estilo de otras descripciones de este tipo que encontramos en el Antiguo Testamento, por ejemplo, en los salmos o en el libro de Jeremías (1 QH 10, 11-3).

Muy posiblemente, el Maestro de Justicia esperó disfrutar del triunfo en esta vida (4 Q 380, 31, 5-8), pero la realidad fue muy diferente. Ciertamente, Jonatán Macabeo murió a manos de sus enemigos, pero fue sucedido por su hermano Simón que no sólo no desanduvo la trayectoria de Jonatán sino que profundizó en la misma aislando aún más, siquiera indirectamente, a los seguidores del Maestro de Justicia. Con todo, este tremendo error de apreciación no arrastró a la desilusión a sus seguidores. Por el contrario, parece haber acentuado a sus ojos el carácter heroico y martirial de su maestro.

El Maestro de Justicia, indicador de un camino de salvación

Las citadas características del Maestro de Justicia acabaron cristalizando en la fundación de un grupo de características obviamente sectarias. Cabe la posibilidad de que ésta no fuera su intención inicial pero el resultado ciertamente fue ése. De acuerdo con la cosmovisión que encontramos en los documentos del mar Muerto, sólo era posible obtener la salvación en el seno del colectivo fundado por él. Sólo era posible complacer a Dios dentro del mismo. Sólo era posible obedecer la Torá correctamente en su interior. Sólo era posible comprender la Escritura cabalmente desde la perspectiva del Maestro de Justicia. Sólo era posible tener la certeza de la predestinación divina para la salvación formando parte de la comunidad qumraní. Sólo era posible contar con la esperanza de pasar favorablemente el muy próximo juicio divino hallándose integrado en el grupo de discípulos del Maestro de Justicia. Todos estos enfoques, posiblemente, se agudizaron con el paso de los años, pero tuvieron su origen indiscutible en el Maestro de Justicia.

Seguramente, de ahí deriva la circunstancia, ya mencionada anteriormente, de que las referencias a los textos sagrados fueran consideradas como conectadas a los sectarios de Qumrán y a los acontecimientos vividos por los mismos. Así, de un pasaje del libro de Habacuc relativo a una posible invasión caldea se afirma que su interpretación se refiere a todos los que cumplen la Ley en la casa de Judá, a quienes Dios librará del castigo a causa de sus obras y de su fe en el Maestro de Justicia. La cita de Nahum 1, 4 –un libro donde se narra la caída de Nínive– es aplicada a los *kittim* con todos sus caudillos porque su dominio concluirá. Del texto de Nahum 3, 9, donde se refiere la manera en que Asiria obtenía recursos de zonas anejas al antiguo Imperio egipcio como Put y Libia, se afirma en su interpretación es que habla de los impí(os de Judá), la casa de Peleg, que se han asociado a Manasés.

Al fin y a la postre, como sucede en otros movimientos sectarios, los discípulos del Maestro de Justicia no lograban tanto desentrañar el sentido real de la Biblia cuanto forzarla de manera tal que pudieran identificar lo reseñado en ella con sus tesis preconcebidas.

En el seno de esta comunidad –la única compuesta por los predestinados– ya se vivía en el Nuevo Pacto del que había hablado Jeremías (31, 31-2) y al que se hace referencia en el inicio del Documento o Regla de Damasco al referirse al nacimiento de la comunidad de Qumrán y, posteriormente, al señalar los requisitos de entrada en la comunidad. Pertenecer a ella significaba la vida eterna y encontrarse extra portas era sinónimo de perdición y ruina eternas.

CAPÍTULO II

El enigma de Jesús (I):
lo que contaron sus adversarios

Constituye un tópico el afirmar que la bibliografía dedicada a la persona y la enseñanza de Jesús es más extensa que la relacionada con cualquier otra persona o tema. El tópico, sin embargo, en este caso se corresponde con la realidad. Pese a todo, la profusión de estudios –por otro lado, no siempre serios– acerca de Jesús puede que haya tenido más la consecuencia de oscurecer su personalidad y enseñanza que la de clarificarla y convertirla en cercana. Que los mismos han estado sometidos, por otro lado, a diversas modas resulta indiscutible.

El liberalismo político de los siglos XVIII y XIX fue produciendo «biografías» de Jesús escritas por Reimarus o Strauss, entre otros, que sólo eran un trasunto de la crítica del Antiguo Régimen. El final del siglo XIX y el inicio del XX tendió a proyectar sobre Jesús características arrancadas del socialismo, del anarquismo o del romanticismo (¿no es el Jesús de Renan un romántico trágico... e irreal?). El gran revulsivo frente a todas estas tendencias se produjo en la sociedad de la primera posguerra mundial –sumida en la angustia y en la inseguridad, en la duda y la ansiedad– cuando Rudolf Bultmann publicó en 1926 un opúsculo titulado *Jesus* en el que afirmaba que, en realidad, prácticamente no se podía saber nada del personaje en cuestión.

Para Bultmann, los escritos evangélicos no reflejaban las enseñanzas auténticas de Jesús sino el trasfondo de las distintas comunidades donde habían surgido. Si algunas porciones de aquéllos podían ser auténticas, otras tenían que ser atribuidas a los primeros cristianos. Para poder distinguir entre unas y otras, Bultmann y sus discípulos crearon una supuesta metodología denominada *Formgeschichte*. Dado que la especialidad de Bultmann eran el griego y la filosofía, y no el hebreo, el arameo y el análisis histórico, los resultados fueron, en términos de investigación, penosos.

Hoy en día, salvo algunas personas ancladas en el dogmatismo del pasado, existe una opinión prácticamente unánime en el sentido de que, gracias a Bultmann, no sólo no se avanzó en el conocimiento histórico de Jesús sino que el mismo quedó paralizado durante cerca de cincuenta años.[1]

Posiblemente, si se puede extraer una conclusión de los dislates de Bultmann y sus discípulos es que la historia es una materia demasiado seria como para dejarla en manos de los profesionales de la filología, la teología, las ciencias políticas o la filosofía, disciplinas todas ellas respetables pero que no tienen utilidad independiente y autónoma para la investigación histórica. Por tautológico que pueda parecer, lo cierto es que acercarse históricamente a Jesús exige examinar, con la metodología de la ciencia histórica, las fuentes con que contamos. Ése es el criterio que vamos a seguir en esta obra.[2]

1.   En ese sentido, Charlesworth, J. H., *Jesus within Judaism*, Nueva York, 1988, pp. 15 ss.; Vermes, G., *La religión de Jesús el judío*, Madrid, 1995, pp. 15 ss.; Vidal, C., «Crítica de las formas», *Diccionario de Jesús y los Evangelios*, Estella, 1995.

2.   Un criterio similar, aunque con matices diversos, en Flusser, D., *Jesús*, Madrid, 1975, p. 148; Harvey, A. E., *Jesus and the Constraints of History*, Oxford, 1982, p. 6; Sanders, E. P., *Jesus and Judaism*, Filadelfia, pp. 11 ss.; Vermes, G., *La religión de Jesús el judío*, Madrid, 1996, pp. 16 ss.; Vidal, C., *El Documento Q*, Barcelona, 2005, pp. 229 ss.

A diferencia de lo sucedido con el Maestro de Justicia, al que sólo conocemos por las noticias contenidas en los Documentos del mar Muerto, en el caso de Jesús contamos con datos procedentes de distintas y variadas fuentes. Por supuesto, las más detalladas son las emanadas del movimiento que él mismo fundó y dirigió hasta su ejecución en una cruz romana, pero no son ni lejanamente las únicas. Asimismo, disponemos de otras que, ocasionalmente, le resultan abiertamente hostiles. En el presente capítulo examinaremos críticamente las referencias a Jesús que figuran en fuentes no cristianas, extrayendo de las mismas los datos históricos posibles y, posteriormente, en un capítulo ulterior, intentaremos reconstruir de manera sucinta la vida de Jesús a partir de las fuentes evangélicas.

Jesús en las fuentes clásicas

El historiador interesado en reconstruir la vida y la enseñanza de Jesús encuentra referencias históricas a ambas en tres clases de fuentes no cristianas: las clásicas, las rabínicas y los escritos de Flavio Josefo.

Las referencias a Jesús en las fuentes clásicas son muy limitadas. Posiblemente, la más importante sea la consignada por Tácito. Este autor sólo hace una mención concreta al cristianismo en Anales XV, 44, una obra escrita hacia el 115-117 pero que, en ese aspecto concreto, se refiere a acontecimientos que tuvieron lugar en Roma durante el principado de Nerón, a mediados de la década de los sesenta del siglo I, con ocasión del incendio de Roma. El texto dice así:

> Y de esta manera, Nerón, para desviar esta voz (la de que era causante del incendio de Roma) y verse libre de la misma,

culpó y comenzó a castigar con formas refinadas de tortura a unos hombres llamados comúnmente cristianos a los que odiaba la plebe a causa de sus excesos. El nombre procedía de Cristo que, siendo emperador Tiberio, había sido ejecutado por Poncio Pilato, gobernador de Judea. Por aquel entonces se reprimió un tanto aquella dañina superstición, pero estaba volviendo a cobrar fuerza no sólo en Judea, donde se originó este mal, sino también en Roma, adonde llegan y son celebradas todas las cosas atroces y vergonzosas que se dan en los demás sitios.

Así que fueron castigados al principio los que profesaban de manera pública esa religión y después, por indicios de aquellos, una muchedumbre inmensa, y esto derivó no tanto del delito de incendio del que se les acusaba cuanto porque se les consideraba culpables del odio general del género humano. A la justicia que se descargó sobre éstos se sumó la mofa y el escarnio con que se les mataba. A unos los vistieron de pieles de animales, para que los despedazaran los perros; a otros los crucificaron; a otros los colocaron sobre enormes haces de leña y, cuando concluía la jornada, les pegaban fuego para que, ardiendo juntos, sirviesen de iluminación en medio de las tinieblas de la noche. Nerón había cedido sus jardines para este espectáculo y celebraba las fiestas circenses. Allí, vestido de auriga, unas veces se mezclaba con la plebe para contemplar la diversión y otras conducía, según su costumbre, su carroza. Y de esta manera, aunque éstos eran culpables y merecían la pena máxima, provocaban la compasión y una gran lástima, ya que eran personas a las que se arrancaba la vida de una manera miserable y no en beneficio público sino para dar satisfacción a la crueldad de uno solo.

Ciertamente, el pasaje no resulta muy extenso y se encuentra más centrado en los seguidores de Jesús que, propiamente, en éste. Sin embargo, en relación con este último, hallamos algunos datos de interés. Por ejemplo, se nos indica que era judío, que había creado en Judea el movimiento ya establecido en Roma y que había sido ejecutado por Pilato. De la referencia al apelativo Cristo –la traducción latina del *Jristós* griego y el *masiaj* hebreo– se deduce que el movimiento enfatizaba especialmente el hecho de que Jesús era el Mesías.

Otra fuente clásica es Suetonio. Este autor menciona en su *Vida de los doce Césares (Claudio XXV)* una medida del emperador Claudio encaminada a expulsar de Roma a unos judíos que ocasionaban tumultos a causa de un tal *Cresto*. El pasaje –que parece concordar con lo relatado en el libro neotestamentario de los Hechos 18, 2 y podría referirse a una expulsión que, según Orosio (VII, 6, 15) tuvo lugar en el noveno año del reinado de Claudio (c. 49 d. J.C.)– no contiene, sin embargo, referencias más específicas a Jesús. Pero nos indica que sus seguidores ya habían llegado a la capital de imperio apenas unos años después de su muerte en la cruz y que, sobre todo, podían provocar tal controversia con judíos, que no creían en Jesús como Mesías, que el emperador había considerado conveniente proceder a su expulsión.

Plinio el Joven, por su parte, menciona a los cristianos en el décimo libro de sus cartas (X, 96, 97) indicando que llamaban Dios a Cristo y que se dirigían a él con himnos y oraciones. No recoge, por lo tanto, referencias históricas a este personaje, pero sí nos deja ver la consideración, por otro lado, similar a la que encontramos en el Nuevo Testamento, en que sus seguidores tenían a Jesús. Oraban a él –una conducta reservada para Dios– y ciertamente lo tenían por tal.

Jesús en las fuentes rabínicas

Muy distinto es el caso de las fuentes[3] que derivan de la actividad de escribas y rabinos. Aunque las mismas estuvieron caracterizadas por una clara hostilidad hacia Jesús y su movimiento, no obstante, resultan un elemento que el historiador no puede pasar por alto dada la extensión de las mismas.

Los datos históricos que se desprenden acerca de Jesús no resultan, desde luego, escasos. Por ellas sabemos que estuvo en Egipto (b. Shabbat 104b; b. Sanh 107b); que su madre se llamaba Miriam (María) (b. Shabbat 104b; b. Jag 4b); que fue acusado de nacer adulterinamente (M. Yeb 4, 13; b. Guemara, Yeb 49b; b. Yoma 66d; b. Sanh 106a; b. Kallah 51a); que realizaba obras prodigiosas que fueron interpretadas como fruto de la magia (b. Sanh 43a; b. Sanh 107b; Sanh. 107; Sota 47b; y. Hag. II, 2); que extravió a Israel (b. Sanh 107b); que estuvo inclinado a la herejía (b. Sanh 103a); que tuvo cinco discípulos (b. Sanh 43a); que afirmó ser Dios (Yalkut Shimeoni 725; y. Taanit 65b) e Hijo del Hombre (y. Taanit 65b); que tenía treinta y tres o treinta y cuatro años cuando lo mató Poncio Pilato (b. Sanh 106b); que lo colgaron la víspera de Pascua (b. Sanh 67a; b. Sanh 43a); que lo crucificaron en una cruz, lo que le convirtió en un maldito (T. Sanh 9, 7); que «estaba cerca del Reino» (una posible referencia a su relación con la estirpe de David) (b. Sanh 43a) y que anunció que volvería por segunda vez (Yalkut Shimeoni 725).

Por supuesto, el tono que envuelve las referencias a Jesús en las fuentes rabínicas es generalmente hostil, pero esa circunstancia confiere una mayor veracidad si cabe a los datos

---

3.   Un estudio en profundidad sobre las fuentes rabínicas en Vidal, C., *El judeo-cristianismo palestino en el siglo I*, Madrid, 1995.

contenidos en los Evangelios. Por otro lado y a pesar de lo señalado, no puede hablarse de una postura rabínica unánime acerca de Jesús. Si bien es cierto que algún pasaje del Talmud llega incluso a representarlo en el otro mundo condenado a padecer entre excrementos en ebullición (Guit. 56b-57a), no resulta menos cierto que, a la vez, se citan con aprecio alguna de las enseñanzas de Jesús (Av. Zar. 16b-17a; T. Julin II, 24).

En conjunto, todos y cada uno de los datos referidos a la vida de Jesús cuentan con paralelos verdaderamente notables en los Evangelios. Se trata de una circunstancia que deja de manifiesto, entre otras cosas, hasta qué punto es insostenible la interpretación de los Evangelios que cuestiona, por ejemplo, la veracidad de aspectos como el que Jesús se presentara como dotado de condición divina, anunciara su segunda venida o realizara milagros.

Jesús en los escritos de Josefo

Emparentado en parte con estas fuentes, aunque muy ligado estilísticamente al mundo clásico, es el caso del historiador del s. I Flavio Josefo, un judío que perteneció a la secta de los fariseos. En sus obras se hallan recogidas dos referencias relacionadas con Jesús.

La primera se encuentra en Ant, XVIII 63, 64 y la segunda en XX, 200-3. Su texto en la versión griega es como sigue:

> Vivió por esa época Jesús, un hombre sabio, si es que se le puede llamar hombre. Porque fue hacedor de hechos portentosos, maestro de hombres que aceptan con gusto la verdad. Atrajo a muchos judíos y a muchos de origen griego. Era el Mesías. Cuando Pilato, tras escuchar la acusación que contra él formularon los principales de entre nosotros lo condenó a

ser crucificado, aquellos que lo habían amado al principio no dejaron de hacerlo. Porque al tercer día se les manifestó vivo de nuevo, habiendo profetizado los divinos profetas éstas y otras maravillas acerca de él. Y hasta el día de hoy no ha desaparecido la tribu de los cristianos. [ANT. XVIII, 63-64.]

El segundo texto de Josefo afirma lo siguiente:

El joven Anano... pertenecía a la escuela de los saduceos que son, como ya he explicado, ciertamente los más desprovistos de piedad de entre los judíos a la hora de aplicar justicia. Poseído de un carácter así, Anano consideró que tenía una oportunidad favorable porque Festo había muerto y Albino se encontraba aún de camino. De manera que convenció a los jueces del Sanhedrín y condujo ante ellos a uno llamado Santiago, hermano de Jesús el llamado Mesías y a algunos otros. Los acusó de haber transgredido la Ley y ordenó que fueran lapidados. Los habitantes de la ciudad, que eran considerados de mayor moderación y que eran estrictos en la observancia de la Ley, se ofendieron por aquello. Por lo tanto, enviaron un mensaje secreto al rey Agripa, dado que Anano no se había comportado correctamente en su primera actuación, instándole a que le ordenara desistir de similares acciones ulteriores. Algunos de ellos incluso fueron a ver a Albino, que venía de Alejandría, y le informaron de que Anano no tenía autoridad para convocar el Sanhedrín sin su consentimiento. Convencido por estas palabras, Albino, lleno de ira, escribió a Anano amenazándolo con vengarse de él. El rey Agripa, a causa de la acción de Anano, lo depuso del sumo sacerdocio que había ostentado durante tres meses y lo reemplazó por Jesús, el hijo de Damneo.

Hasta el siglo XIX ningún autor dudó de la autenticidad de estos pasajes. Fundamentalmente, si se aceptaba su veracidad se debía a razones textuales, ya que estos dos pasajes aparecen de la manera citada en todas las copias de que disponemos de los escritos de Josefo. La denominada «Alta Crítica» comenzó a cuestionar su autenticidad durante el siglo XIX y, hoy en día, ninguno de los dos textos de las antigüedades relacionados con Jesús es considerado de manera generalizada e indiscutible como auténtico.[4]

4. Barnes, W. E., *The testimony of Josephus to Jesus Christ*, 1920 (a favor de la autenticidad de las referencias flavianas sobre Jesús); Bretschneider, C. G., *Capita theologiae Iudaeorum dogmaticae e Flauii Iosephi scriptis collecta*, 1812, pp. 59-66 (a favor); Brüne, B. «Zeugnis des Josephus über Christus» en *Tsh St Kr*, 92, 1919, pp. 139-47 (a favor, aunque un autor cristiano eliminó parte de lo contenido en el texto); Bruce, F. F., *¿Son fidedignos los documentos del Nuevo Testamento?*, Miami, 1972, pp. 99 ss. (a favor, pero sosteniendo que un copista cristiano eliminó parte del contenido original); Burkitt, F. C., «Josephus and Christ» en *Th T*, 47, 1913, pp. 135-44 (a favor); Von Harnack, A., *Der jüdische Geschichtsschreiber Josephus und Jesus Christus*, 1913, cols. 1037-68 (a favor); Laqueur, R., *Der Jüdische Historiker Josephus*, Giessen, 1920, pp. 274-8 (el testimonio flaviano procede de la mano de Josefo pero en una edición posterior de las antigüedades); Van Liempt, L., «De testimonio flaviano» en *Mnemosyne*, 55, 1927, pp. 109-16 (a favor); Shutt, R. H. J., *Studies in Josephus*, 1961, p. 121; Barret, C. K., *The New Testament Background*, Nueva York, 1989, pp. 275 ss. (el texto aparece en todos los manuscritos de las antigüedades, aunque seguramente presenta omisiones realizadas por copistas cristianos. Originalmente se asemejaría a las referencias josefinas sobre Juan el Bautista); Brandon, S. G. F., *Jesus and the zealots*, Manchester, 1967, pp. 121, 359-68 (a favor de la autenticidad pero con interpolaciones); Brandon, S. G. F., *The Trial of Jesus of Nazareth*, Londres, 1968, pp. 52-5; 151-2; Feldman, L. H., *Josephus, IX*, Cambridge y Londres, 1965, p. 49 (auténtico pero interpolado); Götz, R., «Die urprüngliche Fassung der Stelle Josephus Antiquit. XVIII 3, 3 und ihr Verhältnis zu Tacitus Annal. XV, 44» en *ZNW*, 1913, pp. 286-97 (el texto sólo tiene algunas partes auténticas que, además, son mínimas y, en su conjunto, fue reelaborado profundamente por un copista cristiano); Klausner, J., *Jesús de Nazaret*, Buenos Aires, 1971, pp. 53 ss. (no hay base para suponer que todo el pasaje es espurio, pero ya estaba interpolado en la época de Eusebio de Cesarea); Manson, T. W., *Studies in the Gospel and Epistles*, Manchester, 1962, pp. 18-9; Thackeray, H. St.

Sin embargo, tampoco se suele ya plantear un rechazo radical de ambos. Así, es muy común aceptar la autenticidad del segundo texto y rechazar la del primero en todo o en parte. Ahora bien, el hecho de que Josefo hablara en Ant. XX de Santiago como «hermano de Jesús llamado Mesías» –una referencia tan breve y neutral que no podría haber surgido de un interpolador cristiano– hace pensar que había hecho referencia a Jesús previamente. Esa referencia anterior acerca de Jesús sólo puede ser la de Ant. XVIII 3, 3, lo que obliga a pensar que, siquiera en parte, este pasaje tiene que ser auténtico. De hecho, tanto la limitación de Jesús a una mera condición humana como la ausencia de otros apelativos hace prácticamente imposible que su origen sea el de un interpolador cristiano. Además la expresión tiene paralelos en el mismo Josefo (Ant. XVIII 2, 7; X 11, 2). Seguramente también es auténtico el relato de la muerte de Jesús, en el que se menciona la responsabilidad de los saduceos y se descarga la culpa sobre Pilato, algo que ningún evangelista (no digamos cristianos posteriores) estaría dispuesto a afirmar de forma tan tajante, pero que sería

---

J., O.c. p. 148 (el pasaje procede de Josefo o un secretario pero el censor o copista cristiano realizó en él pequeñas omisiones o alteraciones que cambiaron el sentido del mismo); Vermes, G., *Jesús el judío*, Barcelona, 1977, p. 85 (es improbable la interpolación por un autor cristiano posterior); Vidal, C., *El judeo-cristianismo palestino en el siglo I: de Pentecostés a Jamnia*, Madrid, 1994 (auténtico pero con recortes posteriores); Winter, P., *On the trial of Jesus*, Berlín, 1961, pp. 27, 165, n. 25 (sostiene la tesis de la interpolación); Schürer, E., «Josephus» en *Realenzyclopädie für die protestantische Theologie und Kirche*, IX, 1901, pp. 377-86 (es falso); Bauer, W., *New Testament Apocrypha*, I, 1963, pp. 436-7 (es falso); Conzelmann, H., «Jesus Christus» en *RGG*, III, 1959, cols. 619-53 y 662 (pretende, lo que es más que discutible, que el pasaje refleja el kerigma de Lucas); Hahn, R.; Lohff, W. y Bornkamm, G., *Die Frage nach dem historischen Jesus*, 1966, pp. 17-40 (es falso); Meyer, E., *Ursprung und Anfäge des Christentums*, I, Sttutgart-Berlín, 1921, pp. 206-11 (es falso).

lógico en un fariseo como Josefo y más si no simpatizaba con los cristianos y se sentía inclinado a presentarlos bajo una luz desfavorable ante un público romano.

Existen además otros aspectos del texto que apuntan asimismo a un origen josefino. Entre ellos destacan, por ejemplo, la referencia a los saduceos como «los primeros entre nosotros»; la descripción de los cristianos como «tribu» (algo no necesariamente peyorativo) (comp. con *Guerra* III, 8, 3; VII, 8, 6); etc. Resulta, por lo tanto, muy posible que Josefo incluyera en las antigüedades una referencia a Jesús como un «hombre sabio», cuya muerte, instada por los saduceos, fue ejecutada por Pilato, y cuyos seguidores seguían existiendo hasta la fecha en que Josefo escribía. Esta última circunstancia sorprendía a Josefo como también la de que afirmaran que Jesús se les había aparecido después de morir en la cruz por orden de Pilato.

Más dudosas resultan la clara afirmación de que Jesús «era el Mesías» (Cristo); las palabras «si es que puede llamársele hombre»; la referencia como «maestro de gentes que aceptan la verdad con placer»[5] y la mención de la resurrección de Jesús pregonada por sus discípulos. En resumen, podemos señalar que el retrato acerca de Jesús que Josefo reflejó originalmente pudo ser muy similar al que señalamos a continuación:

> Jesús era un hombre sabio, que atrajo en pos de sí a mucha gente, si bien la misma estaba guiada más por un gusto hacia lo novedoso (o espectacular) que por una disposición profunda hacia la verdad. Se decía que era el Mesías y, por ello, los miembros de la clase sacerdotal decidieron acabar con él en-

5. Con todo, lo más seguro es que el pasaje sí contuviera una referencia parecida. Posiblemente, en la misma se deslizó un error textual al confundir (intencionadamente o no) el copista la palabra *taaeze* (lo espectacular) con *taleze* (lo verdadero).

tregándolo con esta finalidad a Pilato, que lo crucificó. Pese a todo, sus seguidores, llamados cristianos a causa de las pretensiones mesiánicas de su maestro, DIJERON que se les había aparecido.

Josefo también referiría cómo, en el año 62, un hermano de Jesús, llamado Santiago, fue ejecutado además por Anano si bien, en esta ocasión, la muerte no contó con el apoyo de los ocupantes sino que tuvo lugar aprovechando un vacío de poder romano en la región. Tampoco esta muerte –para desconcierto y desagrado de Josefo– había conseguido acabar con el movimiento.

Aparte de los textos mencionados, tenemos que hacer referencia a la existencia del Josefo eslavo y de la versión árabe del mismo. Esta última, recogida por un tal Agapio en el s. X, coincide en buena medida con la lectura que de Josefo hemos realizado en las páginas anteriores, sin embargo, su autenticidad resulta problemática. Su traducción al castellano dice así:

En este tiempo existió un hombre sabio de nombre Jesús. Su conducta era buena y era considerado virtuoso. Muchos judíos y gente de otras naciones se convirtieron en discípulos suyos. Los que se habían convertido en sus discípulos no lo abandonaron. Relataron que se les había aparecido tres días después de su crucifixión y que estaba vivo; según esto, fue quizá el Mesías del que los profetas habían contado maravillas.

En cuanto a la versión eslava, se trata de un conjunto de interpolaciones no sólo relativas a Jesús sino también a los primeros cristianos.

Aunque el texto de Josefo no es favorable a Jesús, sin embargo, se encuentra aún distante del carácter controversial de los escritos rabínicos que son, cronológicamente, posteriores

a la consumación de la ruptura entre el judaísmo y los seguidores judíos de Jesús que tuvo lugar tras la destrucción del segundo templo en el 70 d. J.C., y, sobre todo, tras el concilio
judío de Jamnia en torno al año 90 d. J.C.

Ciertamente, el personaje no ocupa mucho espacio en su
obra histórica –tampoco hay razón para ello si tenemos en
cuenta los objetivos de Josefo como historiador– pero los datos que nos suministra tienen valor en la medida en que permiten entender otros suministrados por fuentes distintas. Por
ejemplo, que era judío, que tuvo multitud de seguidores, que
hacía milagros (o cosas espectaculares si se desea eludir el término teológico), que se proclamaba el Mesías, que los saduceos decidieron que era más prudente acabar con su vida, que
fue ejecutado por orden del gobernador romano Pilato y que
sus discípulos afirmaron que se les había aparecido con posterioridad a su muerte. De manera verdaderamente sorprendente para Josefo, los seguidores de Jesús –a diferencia de los de
otros dirigentes judíos– seguían existiendo como grupo específico y diferenciado a finales del s. I d. J.C.

Jesús en las fuentes no cristianas: algunas conclusiones

Como hemos visto en las páginas anteriores, encontramos repetidas referencias a Jesús en fuentes no cristianas. Además, a pesar de su parquedad o incluso hostilidad, de ellas mismas se desprenden una serie de noticias que podemos dar como históricas
en la medida en que coinciden asimismo con datos que encontramos en los Evangelios. Estos hechos serían los siguientes:

1. Jesús fue un judío que perteneció a la estirpe davídica
    aunque, muy posiblemente, a una rama secundaria (es-
    critos rabínicos).

2. Su nacimiento fue irregular, lo que llevó a sus adversarios a formular acusaciones de ilegitimidad con ánimo denigratorio (escritos rabínicos).

3. Estuvo en Egipto (escritos rabínicos).

4. Tuvo hermanos, de los cuales uno, Santiago, fue dirigente de la comunidad judeocristiana hasta el año 62 d. J.C. (Josefo).

5. Realizó hechos considerados como milagrosos incluso por sus adversarios, aunque no dudaron en atribuirlos a la magia.

6. Atrajo en pos de sí a no pocos seguidores (escritos rabínicos, Josefo).

7. Se proclamó Mesías (escritos rabínicos, Josefo).

8. Se proclamó Hijo del Hombre (escritos rabínicos).

9. Afirmó ser igual a Dios (escritos rabínicos).

10. Así lo consideraban sus discípulos a finales del siglo I (Plinio).

11. Mantuvo una línea de flexibilidad frente a la ley de Moisés que vieron como inaceptable algunos judíos hasta el punto de considerarlo un hereje (escritos rabínicos).

12. No faltaron tampoco los judíos que apreciaron sus interpretaciones de la ley de Moisés, encontrándose incluso entre los rabinos (escritos rabínicos).

13. Anunció que volvería por segunda vez (escritos rabínicos).

14. Fue detenido por razones religiosas por las autoridades judías en una fecha cercana a la Pascua (escritos rabínicos).

15. Su ejecución fue realizada finalmente por orden del gobernador romano Pilato (escritos rabínicos, Josefo, Tácito).

16. Sus discípulos afirmaron que se les había aparecido resucitado (Josefo, escritos rabínicos).

17. En la primera mitad del s. I habían alcanzado incluso la capital del imperio (Suetonio).
18. Llamaron la atención de algunos emperadores hasta el punto de ser perseguidos (Suetonio, Tácito).
19. De manera sorprendente, habían sobrevivido al paso del tiempo (Josefo, Plinio) y
20. Llamaban la atención de los funcionarios del imperio (Plinio).

Estos datos resultan de notable importancia especialmente por tres razones. En primer lugar, son mucho más detallados que aquellos con que contamos en relación con el Maestro de Justicia. En segundo lugar, pese a su parquedad, proceden de un conjunto de fuentes relativamente amplio, ya que no sólo se limitan a los escritos derivados de los seguidores propios sino de otros personajes que, por regla general, se mostraron contrarios a Jesús y a su movimiento. En estas fuentes no escuchamos la voz de los fieles sino la de aquellos que los consideraban legalmente perseguidos (Tácito, Suetonio) o que pensaban que Jesús había sido ejecutado con toda justicia (fuentes rabínicas). En tercer lugar, se trata de fuentes muy cercanas en el tiempo a la vida de Jesús, un hecho que no podemos decir de personajes de la historia antigua como Alejandro Magno o de fundadores de religiones como Buda o Mahoma. Por último, en cualquiera de estos casos, como tendremos ocasión de ver, nos encontramos no con discrepancias sino con interesantes puntos de contacto con los datos suministrados por las propias fuentes cristianas.

En el siguiente capítulo intentaremos reconstruir la vida de Jesús a partir de los datos consignados en los Evangelios canónicos y bosquejar, finalmente, algunas conclusiones sobre lo que podemos saber históricamente de Jesús.

CAPÍTULO III

El enigma de Jesús (II): lo que narran los Evangelios

Las referencias cristianas a Jesús pertenecientes al s. I se recogen en su totalidad en el Nuevo Testamento. Los evangelios apócrifos posteriores a este período en términos generales no aportan datos fiables acerca de la vida y la enseñanza de Jesús y no serán objeto de nuestro estudio. Tampoco vamos a detenernos en un estudio de todas las fuentes cristianas que aparecen en el Nuevo Testamento. En términos generales, las Epístolas, el libro de los Hechos y el Apocalipsis confirman los relatos evangélicos y no se preocupan tanto de narrar la historia de Jesús –que dan por sabida– sino de extraer de la misma consecuencias prácticas para la vida cotidiana. En este capítulo, por lo tanto, nos limitaremos a las noticias proporcionadas por los cuatro Evangelios canónicos, tanto los tres Sinópticos (Mateo, Marcos, Lucas) como el de Juan.

En todos y cada uno de ellos nos encontramos con materiales muy antiguos sobre la vida de Jesús que, en gran parte, se transmitieron oralmente siguiendo reglas mnemotécnicas propias del judaísmo de la época[1] asegurando así su fiabilidad histórica.[2]

---

1. En ese sentido, véase: Gerhardsson, B., *Memory and Manuscript: Oral Traditions and Written Transmission in the Rabbinic Judaism and Early Christianity*, Uppsala, 1961; Riesenfeld, H., *The Gospel Traditions and Its Beginnings*, Londres, 1957 y Vidal, C., *Diccionario de Jesús y los Evangelios*, Estella, 1995.
2. Sobre la fecha de redacción de los Evangelios, véase Vidal, C.: *El legado del cristianismo en la cultura occidental*, Madrid, 2005, apéndice.

Jesús según los Evangelios[3]

Los Evangelios,[4] pese a no ser propiamente lo que entendemos como biografía en el sentido historiográfico contemporáneo, encajan –especialmente en el caso de Lucas– con los patrones historiográficos de su época. Contra lo que se ha pretendido, ocasionalmente debe afirmarse que, en su conjunto, presentan un retrato coherente de Jesús y nos proporcionan un número considerable de datos que permiten trazar las líneas maestras, históricamente hablando, de su enseñanza y vida pública.

La reconstrucción que ofrecemos a continuación arranca, precisamente de los datos consignados en estas fuentes, datos que luego contrastaremos con los proporcionados por los escritos no cristianos.

3.   La bibliografía acerca de Jesús de Nazaret es innumerable. Aparte de Vidal, C., *Diccionario de Jesús y los Evangelios*, Estella, 1995 y Vidal, C., *El Documento Q*, Barcelona, 2005, puede verse desde diferentes puntos de vista y con considerable discusión bibliográfica y doctrinal: Dunkerley, R., *Beyond the Gospels*, Londres, 1957; Flusser, D., *Jesús*, Madrid, 1975; Klausner, J., *Jesús de Nazaret*, Buenos Aires, 1971; Edersheim, A., *The Life and Times of Jesus the Messiah*, Grand Rapids, 1976; Vidal, C., *El judeo-cristianismo palestino en el siglo I: de Pentecostés a Jamnia*, Madrid, 1994; Vidal, C., *Diccionario de las tres religiones monoteístas*, Madrid, 1993; Kac, A. (ed.), *The Messiahship of Jesus*, Grand Rapids, 1986; Jeremias, J., *Abba*, Salamanca, 1983; Jeremias, J., *Teología del Nuevo Testamento*, I, Salamanca, 1980; Cullmann, O., *Christology of the New Testament*, Londres, 1975; Bruce, F. F., *New Testament History*, Nueva York, 1980; Bruce, F. F., *Jesus and Christian Origins Outside the New Testament*, Londres, 1974; Toynbee, A. J. (ed.), *El crisol del cristianismo*, Madrid, 1980; Hengel, M., *The Charismatic Leader and His Followers*, Edimburgo, 1981; Leivestad, R., *Jesus in His Own Perspective*, Minneapolis, 1987.

4.   En relación con la fecha de redacción, autoría y contenido de los Evangelios, véase: Vidal, C., *El documento Q*, Apéndice I; Vidal, C., *El legado del cristianismo en la cultura occidental*, Madrid, 2005, Apéndice y Vidal, C., *Diccionario de Jesús y los Evangelios*, Estella, 1995.

El nacimiento de Jesús hay que situarlo algo antes de la muerte de Herodes el Grande (4 a. J.C.) (Mateo 2, 1 ss.) en Belén. Aunque algunos autores han insistido en considerar Nazaret como la ciudad natal de Jesús, lo cierto es que no tenemos ningún dato que sostenga tal tesis salvo que interpretemos su residencia en esa localidad como que nació en la misma, lo que es un argumento bien débil. Los datos que proporcionan los Evangelios en relación con su ascendencia davídica deben tomarse como ciertos aunque la misma fuera a través de una rama secundaria. Buena prueba de ello es que, según relata Eusebio, cuando, a finales del s. I d. J.C., el emperador romano Domiciano decidió acabar con los descendientes del rey David hizo detener también a algunos familiares de Jesús (Eusebio, HE. 3, 20, 2).

Exilada su familia a Egipto, Jesús residió en este país un tiempo para regresar tras la muerte de Herodes. Entonces, por temor a Arquelao, sus padres fijaron su residencia en Nazaret, donde vivieron en el curso de los años siguientes (Mateo 2, 22-3). Salvo una breve referencia que aparece en Lucas 2, 21 ss., no volvemos a tener datos sobre Jesús aunque sí sabemos que tuvo hermanos y hermanas cuyos nombres –Santiago, José, Simón y Judas– son recogidos por los Evangelios (Marcos 13, 32; Mateo 13, 55).[5] Cuando había sobrepasado ya los treinta años, en torno al año 29 d. J.C., Jesús fue bautizado por Juan el Bautista (Mateo 3 y paralelos), al que Lucas presenta como pariente lejano de Jesús (Lucas 1, 39 ss.).

Durante su bautismo, Jesús tuvo una experiencia que no creó, pero sí confirmó su autoconciencia de filiación divina así

---

5. Sobre la discusión acerca del significado del término «hermano» en los Evangelios, véase Vidal, C., *El Documento Q*, Barcelona, 2005, pp. 42 ss.

como de mesianidad.[6] De hecho, actualmente la tendencia mayoritaria de los investigadores relacionados con las ciencias históricas es la de aceptar que, efectivamente, Jesús se vio a sí mismo como Hijo de Dios –en un sentido especial y distinto del de cualquier otro ser– y Mesías. La tesis, sostenida por algunos neobultmanianos y otros autores, de que Jesús no utilizó títulos para referirse a sí mismo resulta, en términos meramente históricos, absolutamente indefendible y carente de base como han puesto de manifiesto diversos estudios.[7]

En cuanto a su visión de la mesianidad, al menos desde los estudios de T. W. Manson, parece haber poco terreno para dudar de que ésta fue comprendida, vivida y expresada bajo la estructura de la figura del Siervo de YHVH (Mateo 3, 16 y par.) que se entregaría a la muerte por los pecados del pueblo (Isaías 52, 13-53, 12 con Marcos 10, 45) y del Hijo del hombre.[8]

Los sinópticos –aunque asimismo se sobreentiende en Juan– hacen referencia a un período de tentación diabólica experimentado por Jesús con posterioridad a su bautismo (Ma-

---

6. En este sentido, véase: Vidal, C., «Bautismo», en *Diccionario de Jesús y los Evangelios*; Klausner, J., *Jesús*, pp. 244 ss.; Flusser, D., *Jesús*, pp. 43 ss.; Jeremias, J., *Teología del Nuevo Testamento*, volumen I, Salamanca, 1973, 4.ª ed., pp. 68 ss.; Charlesworth, J. H., *Jesus within Judaism*, Nueva York, 1988, p. 169.

7. En este sentido, véase: Leivestadt, R., *Jesus in His Own Perspective*, Minneapolis, 1987, pp. 95 ss; Charlesworth, J. H., *Jesus*, pp. 154 ss.; Hengel, M., *The Charismatic Leader and His Followers*, pp. 67 ss.; Bruce, F. F., *New Testament...*; Jeremias, J., *Teología del Nuevo Testamento*, I, Salamanca, 1980 y Jeremias, J., *Abba y el mensaje central del Nuevo Testamento*, Salamanca, 1983; y, especialmente, las entradas referidas a títulos en Vidal, C., *Diccionario de Jesús y los Evangelios*, Estella, 1995.

8. En el mismo sentido, Bruce, F. F., *New Testament...*; Leivestadt, R., Oc, pp. 169 ss.; Hengel, M., Oc, pp. 38-42; Jeremias, J., *Abba...*; y Jeremias, J., *Teología*, pp. 291 ss.; Vidal, C., *El judeo-cristianismo*, pp. 246 ss. y Vidal, C., *Diccionario de Jesús y los Evangelios*, Estella, 1995.

teo 4, 1 ss. y par.). En el curso del mismo, se habría perfilado totalmente su visión mesiánica, rechazando los patrones políticos (los reinos de la tierra), meramente sociales (las piedras convertidas en pan) o espectaculares (el vuelo desde lo alto del templo) del mismo. Este período de tentación correspondió, sin duda, a una experiencia histórica –quizá referida personalmente por Jesús a sus discípulos– que, por otro lado, se repitió ocasionalmente después del inicio de su ministerio.[9]

Tras este episodio se inició una primera etapa del ministerio público de Jesús que transcurrió fundamentalmente en Galilea, aunque se produjeron breves incursiones en territorio gentil y en Samaria.

A pesar de que la predicación, cuyo contenido examinaremos en un capítulo ulterior, se centró en el llamado a las ovejas perdidas de la casa de Israel, no es menos cierto que Jesús mantuvo contactos con gentiles y que incluso llegó a afirmar que la fe de uno de ellos era mayor que la que había encontrado en Israel. No sólo eso. Señaló hacia el día en que muchos como él se sentarían en el Reino con los Patriarcas (Mateo 8, 5-13; Lucas 7, 1-10). De acuerdo con el testimonio de los Evangelios, durante esta etapa Jesús realizó una serie de milagros (especialmente conectados con curaciones y expulsiones de demonios), que fueron interpretados por sus adversarios como acciones sobrenaturales aunque diabólicas, siguiendo así una línea muy similar a la que contemplamos en las fuentes hostiles del Talmud. Una vez más, la tendencia generalizada entre los historiadores hoy en día es la de considerar que, como mínimo, algunos de los relatados en los Evangelios acontecieron realmente[10] y, desde luego, el tipo de

9. En el mismo sentido, véase Jeremias, J., *Teología...*, pp. 89 ss.
10. En este sentido, afirmando la realidad de los hechos taumatúrgicos pero desde distintas perspectivas, véase: «Curaciones» y «Milagros»

relatos que los describen apuntan a la autenticidad de los mismos.

En esa misma época, Jesús comenzó a predicar un mensaje radical –muchas veces expresado en parábolas– que chocaba con las interpretaciones de algunos sectores del judaísmo (Mateo 5, 7). Durante ese período acudieron a Jesús multitudes, pero no es menos cierto que chocó también con la incredulidad de no pocos, a los que desagradaba su mensaje peculiar (Mateo 11, 20 ss.). Debe decirse además que la falta de fe no se limitó a sus paisanos. Éstos reaccionaron negativamente frente a su predicación (Mateo 13, 55 ss.) a causa de que la misma se centraba en la necesidad de la conversión o cambio de vida en razón del Reino, de que pronunciaba terribles advertencias relacionadas con las graves consecuencias que se derivarían de rechazar este mensaje divino y de que se negó terminantemente a convertirse en un Mesías político (Mateo 11, 20 ss.; Juan 6, 15). De hecho, los mismos hermanos de Jesús tampoco creyeron en él (Juan 7, 1-5) y, en algún momento, seguramente temiendo las consecuencias que podría acarrearle su predicación, junto con su madre, intentaron apartarle de su misión (Marcos 3, 31 ss. y par.).

El ministerio de Jesús en Galilea –en el que hay que incluir varias subidas a Jerusalén con motivo de las fiestas judías, narradas sobre todo en el evangelio de Juan– fue seguido por un ministerio de paso por Perea (narrado casi exclusivamente por Lucas) y la bajada última a Jerusalén (seguramente el 30 d. J.C., menos posiblemente el 33 d. J.C.). En el curso de

---

en Vidal, C., *Diccionario de Jesús y los Evangelios*, Estella, 1995; Richardson, A., *Las narraciones evangélicas sobre milagros*, Madrid, 1974; Klausner, J., *Jesús...*, pp. 253 ss.; Smith, M., *Jesús el mago*, Barcelona, 1988; Charlesworth, J. H., *Jesús...*, pp. 14, 24, 115, 120, 135, 169, 203; Sanders, E. P., *Jesus and Judaism*, Filadelfia, 1985, pp. 170 ss.

esta misma tuvo lugar su entrada en la Ciudad Santa en medio del entusiasmo de buen número de peregrinos que habían bajado a celebrar la Pascua y que conectaron el episodio con la profecía mesiánica de Zacarías 9, 9 ss., donde se habla de un Mesías pacífico que se manifestaría montado en un borriquillo.

Poco antes Jesús había tenido una experiencia, que, convencionalmente, se denomina la transfiguración y que le confirmó en su idea de bajar a Jerusalén. Aunque en los años 30 del siglo XX, R. Bultmann pretendió explicar este suceso como una proyección retroactiva de una experiencia pospascual, lo cierto es que tal tesis resulta inadmisible –pocos la mantendrían hoy– y que lo más lógico es aceptar la historicidad del hecho[11] como un momento relevante en la determinación de la autoconciencia de Jesús. En éste, como en otros aspectos, las tesis de R. Bultmann parecen confirmar las palabras de R. H. Charlesworth (o más recientemente de G. Vermes) que lo consideran una rémora en la investigación sobre el Jesús histórico.

Contra lo que se afirma en alguna ocasión, es imposible cuestionar el hecho de que Jesús sabía que moriría violentamente. De hecho, la práctica totalidad de los historiadores dan hoy por seguro que esperaba que así sucediera y así se lo comunicó a sus discípulos más cercanos.[12] Su conciencia de ser el Siervo de YHVH del que se habla en Isaías 53 (Marcos

11. En ese sentido, véase: «Transfiguración» en Vidal, C., *Diccionario de Jesús y los Evangelios*, Estella, 1995; Flusser, D., *Jesús...*, pp. 114 ss.; Bruce, F. F., *New Testament...*

12. En el mismo sentido, véase: «Muerte de Jesús» en Vidal, C., *Diccionario de Jesús y los Evangelios*, Estella, 1995; Hengel, M., Oc, pp. 38 ss.; Jeremias, J., *Teología...*, pp. 321 ss.; Charlesworth, R. H., *Jesús...*, pp. 138 ss.; Schürmann, H., *¿Cómo entendió y vivió Jesús su muerte?*, Salamanca, 1982; Flusser, D., *Jesús...*, pp. 123 ss.; Bruce, F. F., *New Testament History*.

10, 43-45), la repetida sensación de rechazo expresada en algunas de sus parábolas (Marcos 12, 1-12; Mateo 21, 33-46; Lucas 20, 9-19); el uso de metáforas como la de la copa, el bautismo y la hora que tendría que apurar, experimentar y pasar respectivamente (Marcos 10, 38-39 y par.; Marcos 14, 35; 41 y par); el dicho sobre la señal de Jonás (Mateo 12, 8-40 y par.) o la mención a su próxima sepultura (Mateo 26, 12) son sólo algunos de los argumentos que obligan a llegar a esa conclusión. Jesús esperaba ser asesinado, así lo anunció a sus discípulos y –por otro lado– no podía ser de manera diferente si creía que estaba cumpliendo las profecías sobre el Mesías-siervo acerca del que había profetizado Isaías varios siglos antes (Isaías 52, 13-53, 12).

Cuando Jesús entró en Jerusalén durante la última semana de su vida ya tenía frente a él la oposición de un amplio sector de las autoridades religiosas judías que consideraban su muerte como una salida aceptable e incluso deseable (Juan 11, 47 ss.) y que no vieron con agrado la popularidad de Jesús entre los asistentes a la fiesta.[13] Durante algunos días, Jesús fue tanteado por diversas personas en un intento de atraparlo en falta o quizá sólo de asegurar su destino final (Mateo 22, 15 ss. y par.).

En esos mismos días, aunque posiblemente también lo había hecho previamente, Jesús pronunció profecías relativas a la destrucción del templo de Jerusalén que, por cierto, se vieron cumplidas en el año 70 d. J.C. Aunque durante la primera mitad del siglo XX se tendió a considerar que Jesús nunca había anunciado la destrucción del templo y que los citados vaticinios no eran sino un *vaticinium ex eventu*, hoy en día, por el contrario, existe un considerable número de inves-

---

13. Un análisis difícilmente superable del tema en Blinzler, J., *Trial of Jesus*, Westminster, 1959, pp. 49 ss.

tigadores que tiende a admitir que las mencionadas profecías sí fueron pronunciadas por Jesús[14] y que el relato de las mismas contenido en los Sinópticos –como ya señaló en su día C. H. Dodd– no presupone en absoluto que el templo ya hubiera sido destruido. Por otro lado, la profecía de la destrucción del templo contenida en la fuente Q (sobre esta fuente, Vidal, C., *El documento Q*, Barcelona, 2005), sin duda anterior al año 70 d. J.C., también obliga a pensar que fueron originalmente pronunciadas por Jesús. De hecho, el que éste hubiera limpiado el templo a su entrada en Jerusalén apuntaba ya simbólicamente la destrucción futura del recinto (E. P. Sanders), como señalaría a sus discípulos en privado (Mateo 24-25, Marcos 13 y Lucas 21).

La noche de su prendimiento, Jesús declaró, en el curso de la cena de Pascua, inaugurado el Nuevo Pacto (Jeremías 31, 27 ss.) que se basaba en su muerte sacrificial y expiatoria en la cruz. Tras concluir la celebración, consciente de lo cerca que se hallaba de su prendimiento, Jesús se dirigió a orar a Getsemaní junto con algunos de sus discípulos más cercanos. Aprovechando la noche, y valiéndose de la traición de uno de los apóstoles, las autoridades del templo –en su mayor parte de inspiración saducea– se apoderaron de Jesús. El interrogatorio ante el Sanhedrín, no desprovisto de irregularidades, quizá intentó esclarecer, si no imponer, la existencia de causas que pudieran justificar su condena a muerte (Mateo 26, 57 ss. y par.). El tema, no obstante, no está cerrado. Las irregularidades en el proceso se habrían producido si, efectivamente, estaba en vigor el código mishnaico, de inspiración farisea. Si, por el con-

---

14. En ese sentido, véase: «Predicciones» en Vidal, C., *Diccionario de Jesús y los Evangelios*, Estella, 1995; Flusser, D., *Jesús...*, p. 127; Aune, D., *Prophecy in Early Christianity*, Grand Rapids, 1983; Rowland, C., *Christian Origins*, Londres, 1989; Bruce, F. F., *New Testament History...*

trario, como parece más posible, el vigente era el seduceo, el proceso habría resultado formalmente legal. (En este mismo sentido, J. Blinzler, *The Trial of Jesus*, Westminster, 1959, pp. 59 ss.) La cuestión se decidió afirmativamente sobre la base de testigos que aseguraban que Jesús había anunciado la destrucción del templo (algo que tenía una clara base real, aunque con un enfoque distinto al que se le dio en el curso del proceso) y sobre el propio testimonio del acusado, que se identificó como el Mesías-Hijo del hombre de Daniel 7, 13.

Persistía, empero, un problema legal en relación con la ejecución de Jesús. Éste surgía de la imposibilidad por parte de las autoridades judías de aplicar la pena de muerte, ya que la misma, el denominado «in gladii», estaba reservada a las autoridades romanas. No quedaba pues más remedio que llevar a Jesús ante el gobernador romano e intentar forzar a éste para que dictara una sentencia que implicara la aplicación de la pena capital. Cuando el preso fue conducido ante Poncio Pilato, el gobernador romano (Mateo 27, 11 ss. y par.), éste, al parecer, comprendió que se trataba de una cuestión meramente religiosa que a él no le afectaba y eludió inicialmente comprometerse en el asunto. Resulta posible que fuera entonces cuando los acusadores entendieron que sólo un cargo de carácter político podría desembocar en la condena a muerte que buscaban. Guiados por esa conclusión, indicaron a Pilato que Jesús era un sedicioso procedente de Galilea (Lucas 23, 1 ss.). Sin embargo, el romano, al averiguar que Jesús era galileo, y valiéndose de un tecnicismo legal, remitió la causa a Herodes (Lucas 23, 6 ss.), eludiendo momentáneamente el dictar sentencia.

El episodio del interrogatorio de Jesús ante Herodes resulta, sin lugar a dudas, histórico[15] y arranca de una fuente

---

15.   Flusser, D., *Jesús...*, p. 139; Vidal, C., *Diccionario de Jesús y los Evangelios*, Estella, 1995; Bruce, F. F., *New Testament History...*

muy primitiva. Al parecer, Herodes no encontró políticamente peligroso a Jesús y, posiblemente, no deseando hacer un favor a las autoridades del templo apoyando su punto de vista en contra del mantenido hasta entonces por Pilato, prefirió devolvérselo a éste. Al parecer, ese desprecio hacia las autoridades religiosas serviría como cimiento de una amistad ulterior entre Herodes y el gobernador romano (Lucas 23, 12). Enemigos hasta entonces, era obvio que ahora se sentían unidos por una común repulsión hacia las jerarquías del templo de Jerusalén.

Llegados a ese punto, Pilato aplicó a Jesús una pena de flagelación (Lucas 23, 13 ss.) posiblemente con la idea de que sería suficiente escarmiento y que –dada su gravedad, ya que era raro escapar de ella sin padecer lesiones permanentes– las autoridades del templo se sentirían satisfechas. Sin embargo, la mencionada decisión –y su terrible ejecución– no quebrantó lo más mínimo el deseo de las autoridades judías encabezadas por el sumo sacerdote de que Jesús fuera ejecutado. Cuando Pilato les propuso soltarlo acogiéndose a una costumbre –de la que también nos habla el Talmud–[16] en virtud de la cual se podía liberar a un preso por Pascua, una multitud, presumiblemente reunida por los sacerdotes, pidió que se pusiera en libertad a un delincuente llamado Barrabás en lugar de a Jesús (Lucas 23, 13 ss. y par.).

Ante la amenaza de que aquel asunto llegara a oídos del emperador Tiberio, y azuzado por el temor de acarrearse problemas con éste, Pilato optó finalmente por condenar a Jesús a la muerte en la cruz, ejecutando al mismo tiempo un gesto

---

16. Pesajim 8,6a. Un análisis muy interesante del tema en Chavel, C. B., «*The Releasing of a Prisioner on the Eve of Passover in Ancient Jerusalem*», *JBL*, 60, 1941, pp. 273-278. Véase también Blinzler, J., *Trial...*, pp. 218 ss.

con el que pasará a la Historia, el de lavarse las manos, distanciándose de lo sucedido.

El condenado se hallaba tan extenuado tras las diligencias judiciales y la pena de azotes que tuvo que ser ayudado a llevar el instrumento de suplicio (Lucas 23, 26 ss. y par.) por un extranjero, Simón de Cirene, cuyos hijos se convertirían en seguidores de Jesús y, posteriormente, formarían parte de la comunidad cristiana en Roma (Marcos 15, 21; Romanos 16, 13).

Crucificado junto con dos delincuentes comunes, Jesús murió al cabo de unas horas. Para entonces, la mayoría de sus discípulos habían huido a esconderse. La excepción sería el Discípulo amado de Juan 19, 25-26, y algunas mujeres entre las que se encontraba su madre. Dentro de ese cuadro destaca que uno de los seguidores más cercanos, Pedro, le había negado en público varias veces entre la detención y la condena.

Depositado en la tumba propiedad de José de Arimatea, un discípulo secreto que recogió el cuerpo valiéndose de un privilegio concedido por la ley romana relativa a los condenados a muerte, nadie volvió a ver a Jesús muerto.

Al tercer día, algunas mujeres, que habían ido a llevar aromas para el cadáver, encontraron el sepulcro vacío (Lucas 24, 1 ss. y par.). La primera reacción de los discípulos al escuchar que Jesús había resucitado fue de completa incredulidad (Lucas 24, 11). Sin embargo, Pedro, el que lo había negado repetidamente la noche del prendimiento, quedó convencido de la resurrección de Jesús tras visitar el sepulcro y encontrarlo vacío (Lucas 24, 12; Juan 20, 1 ss.). En el curso de pocas horas, varios discípulos afirmaron haberlo visto, aunque alguno de los que no compartieron la experiencia se negó a creer en ella hasta que pasaron por una similar (Juan 20, 24 ss.).

El fenómeno –verdaderamente excepcional y, sobre todo, decisivo– no se limitó a los seguidores de Jesús sino que trascendió a los confines del grupo. Así, Santiago, el hermano de

Jesús, que no había aceptado con anterioridad las pretensiones de éste, pasó a creer en él como consecuencia de una de estas apariciones (I Corintios 15, 7; Juan 7, 5). En unos días, según el testimonio de Pablo, Jesús se había aparecido ya a más de quinientos discípulos a la vez, de los cuales muchos vivían todavía un par de décadas después. El texto tiene una enorme importancia en la medida en que constituye una de las primeras referencias escritas sobre la resurrección:

> Porque os transmití, en primer lugar, lo que yo recibí a mi vez: que el Mesías murió por nuestros pecados, de acuerdo con las Escrituras; que fue sepultado y que resucitó al tercer día, de acuerdo con las Escrituras; que se apareció a Cefas (Pedro) y después a los doce; después se apareció a más de quinientos hermanos a la vez, de los que todavía sigue viva la mayor parte, aunque algunos ya han muerto. Después se apareció a Santiago; luego a todos los apóstoles y en último lugar se me apareció también a mí, como si fuera un aborto. [I CORINTIOS 15, 3-8.]

Lejos de ser una mera vivencia subjetiva (R. Bultmann) o una invención posterior de la comunidad que no podía aceptar que todo hubiera terminado (D. F. Strauss), las fuentes neotestamentarias insisten en la realidad de las apariciones así como en la antigüedad y veracidad de la tradición relativa a la tumba vacía.[17] Desde luego, resulta obvio que una interpretación existencialista del fenómeno no puede hacer justicia al mismo, si bien el historiador no puede dilucidar si las apariciones fueron objetivas o subjetivas, por más que esta última posibilidad resulte altamente improbable (implicaría un estado de enfermedad mental en personas que sabemos que eran equili-

---

17. Rowland, C., *Christian*...; Meier, J. P., «Jesus» en NJBC, pp. 1328 ss.; Vidal, C., *Diccionario de Jesús y los Evangelios*, Estella, 1995.

bradas, etc.). Lo que sí se puede afirmar con certeza es que las apariciones resultaron decisivas en la vida ulterior de los seguidores de Jesús. De hecho, aquellas experiencias concretas provocaron un cambio radical en los hasta entonces atemorizados discípulos que, sólo unas semanas después, se enfrentaron con denuedo a las mismas autoridades que habían provocado su huida y orquestado la muerte de su maestro (Hechos 4).

Las fuentes son unánimes al afirmar que las apariciones de Jesús concluyeron unos cuarenta días después de su resurrección. Con todo, Saulo, un antiguo perseguidor de los cristianos, afirmó haber experimentado una de las mismas con posterioridad y, como consecuencia de ella, se convirtió a la fe en Jesús (I Corintios 15, 7 ss.) Sin ningún género de dudas, aquella experiencia de encuentro con el Jesús que unos días antes había muerto clavado a una cruz romana resultó decisiva y esencial para la continuidad del grupo de discípulos, para su crecimiento ulterior, para que éstos se mostraran dispuestos a afrontar incluso la muerte por su fe en Jesús y para fortalecer su confianza en que Jesús regresaría como Mesías victorioso. En otras palabras, no se trató de que la fe produjera la creencia en las apariciones —como se indica en algunas ocasiones con poca solidez— sino que la experiencia de las mismas resultó determinante para la confirmación de la destrozada fe de algunos (Pedro, Tomás, etc.) y para la aparición de la misma en otros que eran incrédulos (Santiago, el hermano de Jesús, etc.) o incluso abiertamente enemigos (Pablo de Tarso).

Conclusión

Los datos contenidos en los Evangelios confirman sustancialmente los reflejados en las fuentes no cristianas. Además, nos permite señalar la historicidad de otros extremos de importancia relacionados con la vida de Jesús. Entre paréntesis señalamos aquellas fuentes no cristianas que coinciden con la información contenida en los Evangelios. De manera resumida, los datos que podemos considerar como históricos serían los siguientes:

1. Era judío (Evangelios, Josefo, escritos rabínicos).
2. Las circunstancias de su nacimiento fueron irregulares (Evangelios de Mateo y Lucas, escritos rabínicos).
3. Su madre se llamaba María (Evangelios, escritos rabínicos).
4. Pertenecía a la estirpe de David (Evangelios de Mateo y de Lucas, Epístolas, escritos rabínicos, Eusebio, etc.).
5. Nació en Belén (Mateo, Lucas).
6. Tuvo hermanos y hermanas (evangelios de Mateo, Marcos y Lucas, Juan, Josefo).
7. Vivió en Egipto (Mateo, escritos rabínicos).
8. Fue bautizado por Juan el Bautista (Mateo, Marcos, Lucas y Juan).
9. Presumiblemente, en el curso de este episodio, tuvo una experiencia que le confirmó en su creencia de ser el Mesías e Hijo de Dios.
10. Inició su ministerio en Galilea (Mateo, Marcos, Lucas y Juan).
11. Su Evangelio se centraba en la llegada con él del Reino de Dios y la necesidad de convertirse y creer (Mateo, Marcos, Lucas y Juan).
12. Su predicación vino acompañada de la realización de hechos inexplicables –especialmente curaciones y expulsiones de demonios– que sus contemporáneos consideraron unánimemente como sobrenaturales (Mateo, Marcos, Lucas, Juan, escritos rabínicos y Josefo).
13. Realizó varias visitas a Jerusalén durante su ministerio público (Juan).

14. Cosechó incredulidad en su ministerio galileo entre otras causas porque se negó a ser un Mesías de corte político y guerrero como esperaban muchos de sus paisanos (Mateo, Marcos, Lucas y Juan).

15. En la última etapa de su vida se centró en la enseñanza del grupo más limitado de los doce apóstoles, a los que eligió para predicar, curar enfermos, expulsar demonios y juzgar a las doce tribus de Israel (Mateo, Marcos, Lucas y Juan).

16. A este grupo le anunció su futura muerte violenta a manos de las autoridades (Mateo, Marcos, Lucas y Juan).

17. Asimismo, desarrolló un ministerio de predicación en Perea (Lucas).

18. En su autoconciencia se encontraban presentes las afirmaciones de que era el Mesías (Evangelios, escritos rabínicos, Josefo); el Hijo del hombre (Evangelios, escritos rabínicos); de que era igual a Dios (Evangelios y escritos rabínicos) y de que volvería de nuevo tras su muerte (Evangelios, escritos rabínicos).

19. Entró en Jerusalén como el Mesías anunciado en Zacarías 9, 9 ss. (Mateo, Marcos, Lucas).

20. Realizó una limpieza del templo, cuya destrucción profetizó (Mateo, Marcos, Lucas, Juan).

21. La noche en que fue prendido celebró la Pascua judía (Evangelios).

22. En el curso de esta celebración, dio por inaugurado el Nuevo Pacto anunciado por el profeta Jeremías sobre la base de su muerte expiatoria (Mateo, Marcos, Lucas).

23. Fue traicionado por uno de sus apóstoles y prendido (Evangelios).

24. Fue abandonado por sus discípulos (Evangelios).

25. Fue sometido a un interrogatorio ante el Sanhedrín (Evangelios, Josefo, escritos rabínicos).

26. Fue entregado al gobernador romano Poncio Pilato para que éste lo condenara a muerte (Mateo, Marcos, Lucas, Juan, escritos rabínicos).

27. El gobernador romano lo envió a Herodes (Lucas).

28. Pilato intentó liberarlo acogiéndose a una tradición que permitía poner en libertad a un preso durante la Pascua (Evangelios).

29. Pilato lo condenó a la pena de flagelación (Evangelios).

30. Finalmente, Pilato ordenó su crucifixión (Mateo, Marcos, Lucas, Juan, escritos rabínicos, Josefo, Tácito).

31. Fue ejecutado en la cruz, bajo la acusación de proclamarse Mesías, en compañía de dos delincuentes comunes (Evangelios, Tácito, escritos rabínicos).

32. Fue sepultado en la tumba de un amigo (Evangelios).

33. A los tres días de su sepultura, la tumba fue encontrada vacía (Evangelios).

34. Varios de sus discípulos afirmaron que lo habían visto resucitado (Mateo, Marcos, Lucas, Juan, Hechos, Epístolas, Josefo).

35. En algún caso, incrédulos –como su hermano Santiago– e incluso adversarios –como Pablo de Tarso– insistieron en que su conversión se había debido a una aparición de Jesús resucitado (I Corintios, Hechos).

36. Frente a estas afirmaciones, sus enemigos insistieron en que el cadáver había sido robado del sepulcro (Mateo).

37. El movimiento recibió nuevo ímpetu tras la muerte de Jesús hasta el punto de que antes del año 70 se había extendido por Asia Menor y Europa, llegando hasta la capital del imperio (Tácito, Suetonio, Plinio).

38. Los seguidores de Jesús provocaron la atención de algunos emperadores que decretaron medidas contra ellos ya en el s. I (Tácito, Suetonio, Plinio).

39. De manera sorprendente, los discípulos de Jesús seguían existiendo a finales del s. I (Josefo, Plinio).
40. Reunidos semanalmente, lo adoraban como a Dios y le elevaban oraciones (Plinio).

Aunque no todos los hechos pueden ser atestiguados con la misma solidez, sin embargo, en términos de investigación histórica, podemos considerar todos los mencionados anteriormente como suficientemente atestiguados y como base para un análisis comparativo. En los dos siguientes capítulos, procederemos a comparar los aspectos en que coincidían y se diferenciaban las personalidades del Maestro de Justicia y de Jesús a partir de los datos que nos proporcionan las diferentes fuentes históricas.

CAPÍTULO IV

Jesús y el Maestro de Justicia: un análisis comparativo (I)

Como hemos tenido ocasión de ver en los capítulos precedentes, tanto la trayectoria histórica, como la figura y la línea de pensamiento del Maestro de Justicia y de Jesús pueden ser reconstruidas con cierto detalle partiendo de una diversidad de fuentes históricas. Mientras que en el caso del Maestro de Justicia éstas se ven limitadas a los propios documentos de la secta que fundó, en el de Jesús contamos además con testimonios, más o menos amplios, procedentes no sólo de sus discípulos sino también de medios ajenos a los mismos que, en no pocos casos, incluso resultaron hostiles. En este capítulo analizaremos los puntos de coincidencia posible entre los dos personajes.

Aunque ciertamente el Maestro de Justicia fue anterior en más de un siglo al nacimiento de Jesús, sin embargo, sigue siendo lícito interrogarse sobre los posibles puntos de contacto entre este último y Qumrán, ya que la comunidad esenia establecida en este enclave sobrevivió hasta el año 68 d. J.C. Incluso podemos decir que sigue teniendo lógica formular la vieja pregunta relativa a si se produjo una estancia de Jesús en Qumrán.

Para empezar, hay que señalar que no puede negarse la existencia de puntos de contacto claros entre Jesús, el Maestro de Justicia y los esenios de Qumrán.[1] Los mismos pueden sistematizarse en torno a ocho coincidencias de relevancia existente entre Jesús, por un lado, y el Maestro de Justicia y los esenios de Qumrán, por otro.

Coincidencia nacional

El primer aspecto en que se produce una coincidencia relevante entre el Maestro de Justicia y Jesús reside en el hecho de que ambos eran judíos. Semejante circunstancia determinaba una serie de puntos en común de no escasa importancia. Para empezar, implicaba su separación de la visión de otros pueblos. Ciertamente, la obra política y cultural de Alejandro y sus sucesores había creado un cuadro común para todo el Mediterráneo y del mismo no estaban excluidos los judíos. Pero precisamente era este pueblo el que se había mostrado más refractario a una posible asimilación. Sabemos que el alzarse contra la misma fue la causa de la sublevación de los Macabeos con la que estuvo relacionado el Maestro de Justicia. En cuanto a Jesús, no dejó de señalar que la salvación viene de los judíos (Juan 4, 22) y que había sido enviado sólo a las ovejas perdidas de la Casa de Israel (Mateo 10, 6).

El hecho de ser judíos dotó tanto al Maestro de Justicia como a Jesús de una identidad concreta que les llevaba a considerarse parte de un pueblo que había suscrito un pacto con YHVH, el único Dios verdadero; cuya vida debía transcurrir de acuerdo a los preceptos de la Torá que YHVH había entregado a Moisés en el Sinaí y cuyo pasado, presente y futuro aparecía contenido en las Escrituras.

---

1. Un primer examen muy sucinto de esta cuestión ya lo realicé en *Los esenios y los rollos del mar Muerto*, Barcelona, 1993, pp. 167 ss.

Lejos de compartir una visión cíclica de la historia –como los indios y, en cierta medida, los griegos– tanto Jesús como el Maestro de Justicia sostenían una comprensión de la misma que podría calificarse de lineal: la historia había experimentado un comienzo, se desarrollaba de acuerdo con unas pautas concretas y tendría su fin.

Coincidencia cronológica[2]

La diferencia cronológica entre el Maestro de Justicia y Jesús es notable. Ya vimos que el primero apareció en el siglo II a. J.C., dato que ha sido confirmado por las referencias históricas de los documentos así como por el análisis paleográfico[3] y, más recientemente, el espectrográfico aplicado a los mismos.[4] No obstante lo anterior, dentro de los períodos en que podríamos subdividir la historia del judaísmo, tanto los esenios de Qumrán y el Maestro de Justicia como Jesús vivieron en la que solemos denominar época del segundo templo. La cosmovisión del Maestro de Justicia y la de Jesús no se

2. Sobre el judaísmo del segundo templo con abundante bibliografía, véase: Vidal, C., *Los esenios y los rollos del mar Muerto*, Barcelona, 1993, pp. 49 ss.; Vidal, C., *Los documentos del mar Muerto*, Madrid, 1993, pp. 35-76; Vidal, C., *El Documento Q*, Barcelona, pp. 15 ss. y las voces «esenios», «fariseos», «saduceos» y «templo» en Vidal, C., *Diccionario de Jesús y los Evangelios*, Estella, 1995.

3. Birbaum, S. A., *The Qumran (Dead Sea) Scrolls and Palaeography*, New Haven, 1952; Birbaum, S. A., *The Hebrew Scripts*, Leiden, 1971; Avigad, N., «The Palaeography of the Dead Sea Scrolls and Related Documents», en Rabin C., Yadin, Y. (ed.), *Aspects of the Dead Sea Scrolls, Jerusalem*, 1958, pp. 56-87; Cross, F. M., «The Development of the Jewish Scripts», en Wright, G. E. (ed.), *The Bible and the Ancient Near East*, Garden City, 1965, pp. 170-264.

4. Wälfi, W., «Advances in Accelerator Mass Spectometry», en *Nucl. Instrum. Meth*, B29, 1987, pp. 1-13.

encuentran separadas, por lo tanto, por contextos históricos diferentes sino que éste, sin ser el mismo estrictamente hablando, resulta muy cercano.

En ambos casos nos encontramos, primero, con un poder extranjero que domina en mayor o menor medida la vida de Israel (los sucesores de Alejandro Magno en el caso del Maestro de Justicia y los primeros esenios de Qumrán, los romanos en el caso de Jesús, los primeros cristianos y los últimos esenios); segundo, con un templo monopolizado por una casta sacerdotal que se opone ferozmente a los que cuestionan sus corruptelas (en el caso del Maestro de Justicia esto se tradujo en persecución y en el de Jesús, en su prendimiento y entrega al poder romano para que lo ajusticiara) y, tercero, con una atmósfera que hacía deseable para muchos (no desde luego para las autoridades del templo) un cambio del statu quo. El final de esta situación histórica, por otro lado, no se produjo ni en vida del Maestro de Justicia ni de Jesús sino que acabó teniendo lugar cuando en el año 70 d. J.C. las tropas del general romano Tito tomaron la ciudad de Jerusalén y arrasaron su templo. El magma ideológico, con los matices que señalaremos, resultó, por lo tanto, muy similar para el Maestro de Justicia y para Jesús y, como veremos, ambos personajes respondieron al mismo de maneras muy concretas y distintas de otros períodos del judaísmo.

Coincidencia monoteísta

Derivada de las dos anteriores es la tercera coincidencia existente entre el Maestro de Justicia y los esenios qumraníes, por un lado, y Jesús, por el otro. En un mundo en el que la norma religiosa era el politeísmo, tanto la comunidad de Qumrán como Jesús creían en un solo Dios. Éste no era, sin embargo, el dios único de algunos filósofos, sino una divinidad que se había manifestado en la historia de Israel y de las naciones. En otras palabras, no era fruto de una reflexión filosófica, sino que la fe en él arrancaba de una experiencia histórica, la de Israel.

Jesús habló, por ejemplo, del Dios de Abraham, de Isaac y de Jacob (Mateo 22, 32), que creó al hombre y a la mujer (Mateo 19, 4 ss.), que es Espíritu y busca que lo adoren en espíritu y verdad (Juan 4, 24) y que sale al encuentro del pecador y lo recibe misericordiosamente (Lucas 15). Por su parte, en los documentos del mar Muerto hallamos referencias al Dios que concedió la Torá (1 QH, 13, 11b-12a), que intervino en los episodios de la historia pasada (4 Q 267, frag. 2 col. I, 9b-16a) y que volverá hacerlo en los de la futura (4 Q Pesher Salmos 2, 15bss; 1 Q Pesher Habacuc 8, 1-3) y que perdona porque, de lo contrario, nadie podría salvarse (1 QH 15, 6-10, 16-18a).

Tanto Jesús como los esenios afirmaron que sólo existía un Dios al que se debía adorar y que éste era el Dios revelado en el Antiguo Testamento.

Coincidencia escritural

Esa conciencia de que Dios se había revelado en el pasado al pueblo de Israel determinó tanto la creencia de Jesús como la del Maestro de Justicia en el carácter divinamente inspirado del Antiguo Testamento.[5] Tal creencia, lejos de ser la mera aceptación de un artículo de fe, tuvo una considerable importancia en ambos. En el caso del Maestro de Justicia y sus se-

---

5. Por el mismo, se entendía el del canon judío (o protestante) y no el católico que incluye varios libros más (Judit, Baruc I y II, Macabeos, Sabiduría y Eclesiástico) y algunas adiciones a Daniel y Esther.

guidores, las Escrituras les proporcionaban una clave de interpretación de la realidad y de pronóstico de cara al futuro. Un pesher esenio podía indicar, a su juicio, que el exilio en Qumrán, la labor del Maestro de Justicia y la salvación final de sus seguidores estaban ya profetizados en el libro de Miqueas (1 Q Pesher Miqueas frag. 10 3-7a) o que las acciones del sacerdote impío contra el Maestro de Justicia ya estaban predichas en el profeta Habacuc (1 Q Pesher Habacuc 11, 2-8a).

En el caso de Jesús, las referencias a su vida aparecen relacionadas en los Evangelios con profecías relativas al Mesías. En calidad de tal se señala, por ejemplo, que nació en Belén (como profetizó del Mesías el profeta Miqueas 5, 1 ss.); que comenzó su ministerio en Galilea (como vaticinó el profeta Isaías 8, 23 ss.); que curó a enfermos (como anunció el profeta Isaías 53, 4); que entró en Jerusalén a lomos de un asno (como señaló el profeta Zacarías 9, 9); que sus discípulos lo abandonarían (como predijo Zacarías 13, 7); que sus vestiduras serían sorteadas (como indicó proféticamente el Salmo 22, 19); que murió con delincuentes aunque fue sepultado en la tumba de un rico (como señaló el profeta Isaías 53, 9) y un largo etcétera que alcanza a no menos de trescientas profecías mesiánicas que, al cumplirse en Jesús, lo señalaban indubitablemente como el Mesías prometido.

Por lo tanto, la Biblia no sólo era importante para Jesús y el Maestro de Justicia sino que la misma era contemplada como el lugar donde se describía puntualmente su existencia y el futuro propio y de sus seguidores.

Coincidencia de adversarios

Una no menor similitud encontramos a la hora de identificar a aquellos grupos que podríamos calificar de adversarios tanto del Maestro de Justicia como de Jesús. En buena medida, podríamos decir que ambos personajes tenían enemigos comunes en el seno del judaísmo. En primer lugar, se hallaba el conjunto de segmentos sociales que apoyaban, en mayor o menor medida, el statu quo simbolizado por la existencia de una clase sacerdotal corrupta que controlaba el templo y que no tenía ningún problema a la hora de pactar con el poder extranjero. Tanto los saduceos como los sacerdotes del templo aparecen en los documentos del mar Muerto como en los Evangelios en calidad de adversarios. Si el Maestro de Justicia fue perseguido por el sacerdote impío que llegó a atacarle en Qumrán, la conveniencia de la muerte de Jesús fue examinada por el sumo sacerdote y los saduceos (Juan 11, 45-53). En el caso del Maestro de Justicia esa hostilidad tuvo como consecuencia su muerte en el exilio de Qumrán; en el de Jesús desembocó en un proceso ante el gobernador romano que concluyó con su ejecución.

La actitud de Jesús y del Maestro de Justicia frente a los fariseos, pese a las creencias populares al respecto, fue más matizada. Ciertamente, los documentos del mar Muerto atacan a los fariseos, considerándolos demasiado relajados en sus interpretaciones teológicas. Sin embargo, en los Evangelios, ciertamente son vistos como excesiva (e inmotivadamente) estrictos (Mateo 23) e incluso hipócritas, pero también aparece alguna referencia positiva sobre ellos (Marcos 12, 34). La distancia también era, desde luego, menor que la experimentada con los saduceos y, por ejemplo, existían coincidencias como la creencia en la resurrección, la inmortalidad del alma y el premio y el castigo eterno en ultratumba. Por ello no resulta extraño que algunos fariseos se unieran al grupo de Jesús tras su muerte (Hechos 15) y también es muy posible −como ya vimos− que durante el reinado de Alejandro Janeo algunos de los nuevos miembros de la secta de Qumrán procedieran de los fariseos.

Coincidencia carismática

De especial interés resulta también la coincidencia existente entre Jesús y el Maestro de Justicia a la hora de señalar el papel del Espíritu Santo en la era actual. El hecho reviste una importancia considerable dado que las referencias al Espíritu Santo son relativamente escasas en el judaísmo del segundo templo.[6]

El concepto de Espíritu Santo (también Espíritu de Dios, Espíritu de YHVH o simplemente Espíritu) ya existía en el judaísmo de este período. De hecho, varios siglos antes lo encontramos en el Antiguo Testamento donde aparece,[7] en oca-

6.   Acerca del Espíritu Santo, con discusión de las diversas posturas y bibliografía, véase: Betz, O., *Der Paraklet*, Leiden, 1963; Barrett, C. K., «The Holy Spirit in the Fourth Gospel» en JTS, 1, 1950, pp. 1-15; Barrett, C. K., *The Holy Spirit and the Gospel Tradition*, Londres, 1966; Brown, R. E., «The Paraclete in the Fourth Gospel» en NTS, 13, 1966-67, pp. 113-32; Johnston, G., *The Spirit-Paraclete in the Gospel of John*, Cambridge, 1970; Dunn, J. D. G., *Baptism in the Holy Spirit: A Re-examination of the New Testament Teaching on the Gift of the Spirit in Relation to Pentecostalism Today*, Filadelfia, 1970; Dunn, J. D. G., «Spirit and Fire Baptism», en NovT, 14, 1972, pp. 81-92; Porsch, F., *Pneuma und Wort. Ein exegetische Beitrang zur Pneumatologie des Johannesevangeliums*, Frankfurt, 1974; Franck, E., *Revelation Taught: The Paraclete in the Gospel of John*, Lund, 1985; Burge, G. M., *The Anointed Community: the Holy Spirit in the Johannine Community*, Grand Rapids, 1987; Turner, M. M. B. «Jesus and the Spirit in Lukan perspective», TynB, 32, 1981, pp. 3-42; Turner, M. M. B., «The Spirit and the Power of Jesus. Miracles in the Lucan Conception», enn NovT, 33, 1991, pp. 124-52; Vidal, C., «Espíritu», *Diccionario de Jesús y los Evangelios*, Estella, 1995.

7.   Van Immschoot, P., «L'action de l'esprit de Jahvé dans l'Ancien Testament», en *Rev.Sc.ph.th.*, 23, 1934, pp. 553-87; Van Immschoot, P., «L 'Esprit de Jahvé source de vie dans l 'Ancien Testament», en *Revue Biblique*, 44, 1935, pp. 481-501; Van Immschoot, P., «L'Esprit de Jahvé et l'alliance nouvelle dans l'Ancien Testament», en *Ephem. Théol. Lovan*, 22, 1936, pp. 201-26; Van Immschoot, P., «Sagesse et Esprit dans l'An-

siones, como un poderoso impulso procedente de Dios (Jueces 13, 25; 14, 6); pero al que, en otros casos, se le atribuyen propiedades que presuponen una clara personalidad (I Samuel 10, 10; 11, 6; 19, 20), siendo incluso imposible no ver en el Espíritu al mismo YHVH (II Samuel 23, 2; Nehemías 9, 20; Salmo 104, 30; 139, 7; Isaías 40, 13; Ezequiel 8, 3; 11, 5; etc.). Esta identificación entre YHVH y el Espíritu Santo[8] resulta especialmente obvia en la literatura sapiencial del Antiguo Testamento (Job 32, 8; 33, 4; Sabiduría 1, 7; 8, 1;[9] etc.).

También en la Biblia judía había ya referencias al hecho de cómo ese Espíritu se iba a derramar sobre toda carne en los últimos días, incluyendo a las mujeres, los jóvenes, los ancianos o los esclavos (Joel 3), y cómo iba a morar en los corazones de los fieles (Ezequiel 36, 27; 37, 14).

En los rollos del mar Muerto, las referencias al Espíritu Santo son muy abundantes (1 QS 4, 21; 8, 16; 9, 3; CD 2, 12; 5, 11; 7, 4; 1 QH 7, 6-7; 9, 32; 12, 12; 16, 12; 1 QSb 2, 24) e incluso podría decirse que, en términos comparativos, resultan más numerosas que en el Antiguo Testamento. Según estas fuentes, debía entenderse que el Espíritu Santo había actuado en la revelación dada por Dios a los profetas (1 QS 8, 16). En otras ocasiones, este Espíritu Santo aparece

---

cien Testament», en *Revue Biblique*, 47, 1938, pp. 23-49; Lys, D., *Ruach: le Souffle dans l'Ancien Testament*, París, 1962; Congar, Y., *El Espíritu Santo*, Barcelona, 1983, pp. 29 ss.

8.   Resulta muy difícil no ver en la misma un germen de lo que sería posteriormente parte de la creencia en la Trinidad.

9.   De hecho, es difícil saber si el libro de la Sabiduría no llega a identificarla con el Espíritu. En cualquiera de los casos, ambas realidades presentan un contenido hipostático. Al respecto, véase: Colombo, D., «Pneuma Sophias eiusque actio in mundo in Libro Sapientiae», *Liber Annuus*, I, 1950-1, pp. 107-60; Larcher, C., *Études sur le Livre de la Sagesse*, París, 1969, pp. 329-414; Gilbert, M., «Volonté de Dieu et don de la sagesse (Sg 9, 17 sv)», en *Nouvelle Revue Théologique*, 93, 1971, pp. 145-66.

ligado a la obra de purificación en la Regla de la comunidad (1 QS 3, 6-8) y, en otras, al desvelamiento de arcanos. El Espíritu Santo –o Espíritu de Verdad– se opone al espíritu de impureza (1 QS 4, 9; 4, 22) y purifica a los justos (1 QS 4, 20-21). Esta purificación suponía para los justos el conocimiento de Dios y para los perfectos la aprehensión de la sabiduría de los hijos del cielo (4, 22). De hecho, si alguien llegaba a conocer a Dios se debía a la acción del Espíritu Santo y, como tendremos ocasión de ver, esto tenía una especial aplicación en el caso del Maestro de Justicia (1 QH 12, 18; 7, 6-7; 17, 26). Lejos de esperar, pues, una acción futura del Espíritu Santo, el Maestro de Justicia y sus seguidores creían que ésta ya se había producido. En su opinión, lo recibían en el momento de entrar en la comunidad (1 QH 4, 31; 16, 12) y, por ello, resultaba de vital importancia no contaminarlo con su conducta ulterior (1 QS 5, 11).

No tenemos ninguna noticia de que en Qumrán se dieran los fenómenos pneumáticos de los que tenemos noticia, por ejemplo, en el cristianismo primitivo posterior a la muerte de Jesús. Éstos se relacionaban con la presencia y la acción del Espíritu Santo. Así, están ausentes las noticias sobre manifestaciones como la glosolalia, las visiones –aunque aquí habría que matizar– o las curaciones. Incluso el combate contra los demonios depende más en Qumrán de la utilización de un correcto formulario que de la fuerza del Espíritu Santo, como aparece en los escritos del Nuevo Testamento. Con todo, no cabe duda de que el concepto desempeñó un papel extraordinario en el seno de la secta que se consideraba inserta ya en los tiempos finales.

Esa importancia atribuida al Espíritu Santo es algo que encontramos también en los Evangelios, por no decir en el resto del Nuevo Testamento. Así se nos dice que Jesús fue acompañado por el Espíritu en su bautismo (Marcos 1, 10);

que el sometimiento de Jesús a la tentación diabólica se realizó bajo el Espíritu (Mateo 4, 1; Marcos 1, 12); que Jesús fue ungido por el Espíritu dada su condición de Mesías-siervo (Mateo 12, 18; Lucas 4, 18); y que el Espíritu Santo fue la causa de sus milagros (Mateo 12, 28-32).

Sin embargo, y pese a la clara coincidencia carismática, Jesús, en claro contraste con los esenios, pensaba que la gran efusión del Espíritu Santo no era algo presente sino futuro, inmediatamente futuro para ser más exactos. Así, sus discípulos serían bautizados con el Espíritu (Marcos 1, 8; Lucas 3, 16) –algo que se contrapone al bautismo de agua de Juan el Bautista– hablarían por el Espíritu (Marcos 13, 11) y recibirían el Espíritu sin medida (Lucas 11, 13). Ese Espíritu tendría, de hecho, un papel decisivo en la vida futura de la comunidad mesiánica (Juan 14, 17 ss.; 15, 26 ss.; 16, 13 ss., etc.). Por lo tanto, lo que los esenios contemplaban como «ya», Jesús lo vio como «dentro de poco».

Coincidencia escatológica

El hecho de que el judaísmo poseyera una visión lineal de la historia tuvo, entre otras consecuencias, el que se desarrollara un pensamiento escatológico,[10] es decir, una visión más o me-

---

10. El denominar a la parte de la teología que vamos a examinar a continuación con el calificativo de *escatología* parte de un convencionalismo que, no obstante, nos parece sustancialmente exacto. Como han señalado tanto el profesor F. F. Bruce («Eschatology in Acts» en Gloer, W. H. [ed.], *Eschatology and the New Testament*, Peabody, 1988, p. 52) como J. Carmignac («Les dangers de l'eschatologie» en *New Testament Studies*, 17, 1970-1971, pp. 365-90), al no restringirse actualmente el término *escatología* a la discusión sobre las últimas cosas (muerte, juicio, cielo, infierno, etc.) y verse unido a calificativos como *realizada, inaugurada*, etc., se ha producido una confusión considerable en lo que se

nos nítida, de las circunstancias que se producirían antes de la consumación de los tiempos. Tanto Jesús como los esenios tenían, lógicamente, esa misma visión lineal. Como fieles judíos creían, tal como veremos más adelante, que el tiempo presente era malo y que, a mayor o menor plazo, debía concluir iniciándose el «mundo futuro».[11]

Los esenios de Qumrán creían firmemente en que Dios ejecutaría un juicio al final de los tiempos (1 QH 6, 29), lo que

refiere a su significado, de manera que quizá resultaría conveniente su sustitución por alguna otra palabra que conservara precisamente el contenido primitivo del término. No es lo que nosotros vamos a hacer pero sí deseamos subrayar que el término *escatología* y sus derivados (*escatológico*, etc.) reciben en este estudio el significado primitivo de los mismos, es decir, lo relativo a las postrimerías, a las últimas cosas y, más concretamente, a la resurrección y la consumación de los tiempos.

11. En relación con la escatología, ver: Van der Ploeg, J., «L'immortalité de l'Homme d'après les textes de la mer Morte» en VT, 2, 1952, pp. 171-5; Rowley, H. H., *Jewish Apocalyptic and the Dead Sea Scrolls*, Londres, 1957; Ridderbos, H. N., *The coming of the Kingdom*, Nueva Jersey, 1963; Cullmann, O., *La historia de la salvación*, Barcelona, 1967; Cullmann, O., *Immortalité de l'âme ou résurrection des morts?*, París-Neuchatel, 1969; Martin Achard, R., *De la muerte a la resurrección*, Madrid, 1967; Vos, G., *The Kingdom of God and the Church*, Nueva Jersey, 1972; Morris, L., *El salario del pecado*, Barcelona, 1973; Ladd, G. E., *El Evangelio del reino*, Miami, 1974; Ladd, G. E., *Crucial Questions about the Kingdom*, Grand Rapids, 1974; Ladd, G. E., *Presence of the Future*, Grand Rapids, 1974; Grau, J., *Escatología*, Terrassa, 1977; Puech, E. «Les Ésséniens et la vie future», en *Le monde de la Bible*, 4, 1978, pp. 38-40; Allison, D. C., *The End of the Ages Has Come*, Filadelfia, 1985; Ruiz de la Peña, J. Luis, *La otra dimensión: Escatología cristiana*, Santander, 1986; Beasley-Murray, G. R., *Jesus and the Kingdom of God*, Grand Rapids, 1986; Willis, W. (ed.), *The Kingdom of God in 20th Century Interpretation*, Peabody, 1987; Vidal, C., «Cielo», «Infierno», «Resurrección» *Diccionario de las tres religiones*, Madrid, 1993 (las mismas voces pueden examinarse en Vidal, C., *Diccionario de Jesús y los Evangelios*, Estella, 1995. Un análisis más articulado en Vidal, C., *El Documento Q*, Barcelona, 2005, pp. 161 ss. y 176 ss., y en *El judeocristianismo palestino en el siglo I*, Madrid, 1995.

el pesher de Habacuc llama «el día del juicio» (12, 14). El juicio divino significaría, por un lado, el final eterno del mal y, por el otro, la revelación de la justicia de Dios ante toda la creación (1 QH 14, 15-6). Ésta sería sumergida en un diluvio de fuego (1 QH 11, 27 ss.), en medio del cual aullarían y enloquecerían sus habitantes. En 1 QH 14, 17 ss., da la impresión además de que este juicio terrible procedente de Dios iría ligado a la resurrección de los justos *(todos los hijos de su verdad despertarán para aniquilar la impiedad)* que, posiblemente, colaborarían con Dios en el exterminio de los malvados.

¿Qué sucedería después de la muerte? Contra lo que suele oírse afirmar a charlatanes del más variado pelaje, los esenios no creyeron en la reencarnación propia de algunas religiones orientales o de los cultos mistéricos. Por el contrario, creían en una resurrección que afectaría, al menos, a los miembros de su secta. También parece establecido que creían en la inmortalidad del alma, según afirma Josefo. Pasajes como el contenido en la Regla 4, 7, donde se habla de «alegría eterna en una vida sin fin», pudieran confirmar tal información. Desde luego, sí esperaban permanecer en la presencia de Dios para siempre (1 QH 12, 21).

En cuanto a los condenados, los seguidores del Maestro de Justicia afirmaban que estaban destinados a sufrir un castigo eterno. En lugares como 4 Q 510 2, 1-3, se hace una referencia a un fuego eterno para los demonios y algo similar se aprecia en 11 Q 3, 6 ss. y 4, 9 ss. En cuanto a los hombres, serían finalmente sometidos a una condena eterna mediante el fuego, ejecutada por los ángeles (1 QS 4, 12-25) y les esperaba sólo «ruina... fuego y exterminio» (4 Q 380 frag. 76-7, 3-4). Incluso, parecen existir referencias al distinto grado de castigo de los condenados. Así, el Pesher de Habacuc especifica que los que se hayan opuesto a la secta serán castigados con fuego (10, 13) y que el Diseminador de Mentira verá añadido al tormento del fuego el del azufre (10, 3-5).

Jesús, a semejanza de la visión lineal del judaísmo y en clara oposición a lo que sería la cosmovisión cíclica del budismo o del hinduismo, también afirmó la creencia en un lugar de castigo de los malvados y en otro de descanso para los salvos. Las referencias contenidas en los Evangelios no pueden ser más claras. Así Jesús habló de «oscuridad externa» (Mateo 8, 12); de «horno de fuego» (Mateo 13, 42); de «llanto y crujir de dientes» (Mateo 25, 41); de «tormentos» (Lucas 16, 21 ss.), etc. Al igual que vemos en el Talmud, Jesús creía que la Guehenna era un lugar de suplicio consciente y de características eternas y que, precisamente por ello, cualquier pérdida material en esta vida resultaba más tolerable que el ser arrojado a la misma (Mateo 18, 8; Marcos 9, 47-48). Al igual que los esenios, creía también que a este lugar de condenación serían arrojados no sólo seres humanos sino también los demonios que se habían rebelado contra Dios (Mateo 25) y que los grados de castigo variarían según la perversidad de los pecados (Mateo 11, 22; Marcos 12, 40; Lucas 20, 47).

Posiblemente, la mayor discrepancia escatológica existente entre Jesús y los esenios qumraníes era la creencia del primero en que el Reino no era algo futuro sino que ya, ahora mismo, había dado comienzo. Así sucedía porque ya había aparecido el Rey-Mesías que era él. Tal hecho quedaba demostrado, por ejemplo, porque Jesús expulsaba demonios:

> Si por el dedo de Dios expulso yo los demonios, es que ha llegado a vosotros el Reino de Dios. [LUCAS 11, 20.]

Precisamente por ello, en lugar de esperar grandes acontecimientos escatológicos futuros al estilo de los seguidores del Maestro de Justicia, había que percatarse de que ese Reino ya había llegado. Así lo expuso Jesús precisamente a algunos contemporáneos que esperaban una secuencia escatológica distinta:

> Habiéndole preguntado los fariseos cuándo llegaría el Reino de Dios, les contestó: el Reino de Dios llega sin que se le note y no dirán: «Vedlo aquí o allí» porque el Reino de Dios ya está entre vosotros. [LUCAS 17, 20.]

Según la predicación de Jesús, ya se podía entrar en el Reino (Mateo 13), de ahí que pudiera señalar que algunos de los que lo escuchaban no llegarían a morir sin hacerlo en el mismo (Mateo 16, 28). Sin embargo —y esto resulta muy relevante— su crecimiento sería lento y pausado hasta que, al final, se produjera su consumación (Mateo 13, 31-3).

Coincidencia soteriológica

El hecho de que la historia quedara diseccionada en etapas que, finalmente, concluirían con el triunfo de Dios y con el castigo de los malvados y el premio de los salvos, obligaba a plantearse una cuestión existencialmente ineludible. Ésta podría quedar formulada de manera sencilla de la siguiente manera: ¿Qué lleva a una persona a salvarse o a condenarse? ¿Qué decide su destino eterno en el sentido de la perdición o en el de la permanencia en la presencia de Dios? Históricamente, esa cuestión ha recibido las respuestas más diversas y, en no pocas ocasiones, se ha insistido en la articulación de un camino de salvación formado por obras, ritos o ceremonias que permitían llegar al fin deseado. En esas cosmovisiones, el ser humano puede, siquiera en parte, dominar un camino que le conduce, al fin y a la postre, a la salvación. A diferencia de esa visión, tanto los esenios del mar Muerto como Jesús partían de la base de que el ser humano no puede salvarse por sus propios méritos u obras, sino que, por el contrario, depende de la acción de Dios, que acude a salvarlo.

En los documentos de Qumrán, por ejemplo, nos encontramos con referencias al hecho de que nadie puede ser declarado justo al ser juzgado por Dios (1 QH 15, 28), que nadie puede ser considerado inocente por Dios (1 QH 17, 14-5) y que sólo Dios puede expiar las culpas de los hombres (1 QH 12, 37). El ser humano, por lo tanto, aparecería como pecador y necesitado de la intervención directa de Dios para que sus faltas queden expiadas, él pueda ser perdonado y alcance la salvación.

En el caso de Jesús, estas referencias se multiplican y además aparecen descritas en varias ocasiones con imágenes de un contenido especialmente iluminador. Por ejemplo, Jesús señaló que los seres humanos eran ovejas perdidas a las que el pastor tenía que buscar (Lucas 15) o enfermos a los que sólo podía sanar el médico mesiánico (Marcos 2, 15 ss.). Las imágenes no son antropológicamente optimistas, desde luego, pero resultan muy claras. En ambos casos, se partía de una condenación universal derivada del hecho –por otra parte, incuestionable– de que todos los seres humanos quebrantan la ley de Dios y de la afirmación de que, a menos que el propio Dios interviniera en la Historia, nadie podría salvarse. Una oveja extraviada, un enfermo desvalido no pueden hacer nada por sí mismos, necesitan a un pastor esforzado o a un médico competente. Algo similar sucede con los pecadores. Precisan del Mesías, precisan de Jesús.

Con todo, y a pesar de un punto de partida similar, aquí es donde las discrepancias entre los esenios y Jesús se hicieron sentir de una manera especial. Según los documentos del mar Muerto, el destino final de la persona vendría determinado por la actitud que los hombres hubieran tenido en relación con la secta. Nadie que no perteneciera a la misma podía esperar la salvación, algo que no resulta tan extraño si tenemos en cuenta el posible papel que tendrían los miembros de la misma en ejecutar el juicio de Dios sobre los pueblos, pero también sobre los israelitas no qumraníes (1 QH 12, 26).

Para Jesús, la salvación derivaba de creer en Jesús lo que implicaba, por un lado, aceptar que era el Mesías siervo profetizado por Isaías 53 y, por lo tanto, que su muerte tendría un poder expiatorio (Marcos 10, 45). A partir de ese cambio radical, la persona podía encaminarse hacia la tarea que su vida experimentara un cambio radical no para salvarse sino porque ya había recibido la salvación, procedente de Dios. En ambos casos, se enfatizaba la imposibilidad del ser humano para lograr su salvación, pero mientras que los esenios de Qumrán subrayaban la pertenencia al grupo en clave para la salvación, Jesús acentuaba la idea de adherirse a él como salvador. El ser humano se hallaba perdido y no podía salvarse a sí mismo pero el aceptar (o rechazar) la acción salvadora del Mesías sí decidía su destino eterno.

En resumen, de un análisis comparativo entre Jesús, por un lado, y el Maestro de Justicia y los esenios qumraníes, por el otro, podemos extraer algunas coincidencias entre ambos extremos. Tanto en un caso como en el otro, fueron judíos, estuvieron encuadrados en el judaísmo del segundo templo y se sintieron identificados con una visión crítica del mismo que los enfrentaba, en primer lugar con la aristocracia sacerdotal y, en segundo, con segmentos más o menos contemporizadores frente a esa realidad, como los fariseos. Como judíos que creían en la Biblia, tanto Jesús como el Maestro de Justicia consideraban que la historia se dirigía hacia su consumación y que, finalmente, los justificados por Dios serían salvados mientras que el resto de la humanidad recibiría un castigo eterno y consciente junto con los demonios. En el período presente de la historia tendría un papel especial el Espíritu Santo y ya, ahora, los seres humanos, condenados de manera universal por sus transgresiones de la ley divina, podían ser salvados gracias a la misericordia incomparable de Dios.

Pese a todo, no deberíamos exagerar el significado de estas coincidencias. Para empezar, algunos de estos aspectos eran compartidos por otros grupos judíos. Saduceos o fariseos también eran judíos y vivieron en el período del segundo templo. De la misma manera, los fariseos también creían en la integridad de la Biblia judía y esperaban la consumación de los tiempos en la que se produciría la resurrección y los condenados serían castigados eternamente con los demonios. Por otro lado, aunque el Maestro de Justicia y Jesús coincidían en señalar el estado de perdición universal, para el primero, la salvación se operaba en virtud de un decreto de predestinación que llevaba al individuo a integrarse en la secta de Qumrán. Para Jesús, por el contrario, la salvación pasaba indispensablemente por la aceptación de su mesianidad y del carácter expiatorio (como Mesías-siervo) de su muerte. Este último aspecto, de no escasa importancia, nos permite colocar en su justo punto de análisis la comparación entre el Maestro de Justicia y Jesús, cuestión ésta a la que dedicaremos los próximos dos capítulos.

CAPÍTULO V

Jesús y el Maestro de Justicia: un análisis comparativo (II)

En el capítulo anterior señalamos las coincidencias más acentuadas entre Jesús y el Maestro de Justicia. Como tuvimos ocasión de ver, las mismas son innegables aunque no es menos cierto que suelen coincidir con lo creído por otros grupos del judaísmo del segundo templo o no resultan tan profundas como podría parecer a primera vista. En este capítulo y en el siguiente, analizaremos los puntos especialmente definitorios de ambos personajes y las discrepancias entre ellos.

Sacerdote vs. laico

El sacerdocio en Israel estaba limitado, de acuerdo con la ley mosaica, a la tribu de Leví. El Maestro de Justicia pertenecía a la misma y, muy posiblemente, a la estirpe de Zadok o Sadoq. Jesús, por el contrario, no perteneció a esta tribu de Israel. Las fuentes evangélicas lo conectan con la tribu de Judá y la descendencia de David (Mateo 1, Lucas 3) pero, fuera cual fuere la tribu a la que pudiera pertenecer, es obvio que Jesús no fue sacerdote ni desempeñó funciones sacerdotales.

No tenemos tampoco dato alguno que señale que ninguno de los doce apóstoles fuera de estirpe sacerdotal y el mismo Jesús —como tendremos ocasión de ver más adelante— no creó ningún sistema sacerdotal que realizara sacrificios paralelos a los del templo de Jerusalén, tal y como hizo el Maestro de Justicia en Qumrán. Ciertamente, tanto el Maestro de Justicia como Jesús —según vimos en el último capítulo— fueron contemplados como enemigos por la casta sacerdotal de Jerusalén, pero si para el Maestro de Justicia —y sus seguidores— la institución del sacerdocio resultó esencial hasta el punto de provocar su exilio en Qumrán, para Jesús resultó prácticamente indiferente. De hecho, pasajes como el recogido en Juan 4 o los vaticinios contenidos en Mateo 24, Marcos 13 y Lucas 21, ponen de manifiesto que Jesús anunció la desaparición del templo de Jerusalén. El templo había tenido su lugar en el pasado y, ciertamente, había sido levantado por orden de Dios. Sin embargo, según el punto de vista de Jesús, iba a desaparecer en breve, dando lugar a una realidad espiritual más importante.

Tradición vs. sola Escritura

No menos divergente fue el punto de vista de ambos personajes con respecto a la tradición. El papel de ésta era auténticamente esencial en algunos segmentos del judaísmo del segundo templo aunque sólo fuera porque proporcionaba un instrumento para aplicar la ley de Moisés a casos concretos de la vida cotidiana. Resulta obvio que los diferentes grupos judíos presentaban tradiciones diversas y que la especificidad de la sustentada por el Maestro de Justicia le llevó a marchar a Qumrán. Cuestiones relacionadas con el calendario o con el sistema de pureza se definían en Qumrán de acuerdo con una tradición concreta y enfrentada, además, con el resto del judaísmo.

Por el contrario, Jesús rechazó identificarse con ninguna forma de tradición anterior e incluso llegó a criticar la misma existencia de ésta de forma directa. Lejos de apoyarse en precedentes anteriores, Jesús se centraba en el testimonio directo de las Escrituras. Tal conducta era sumamente chocante y Mateo, el más judío de los evangelistas, nos ha transmitido la noticia de cómo la misma provocaba la sorpresa de la gente:

> La gente se admiraba de su doctrina; porque les enseñaba como quien tiene autoridad, y no como los escribas. [MATEO 7, 28-9.]

El Maestro de Justicia oponía su tradición a la de otros colectivos y, por lo tanto, aceptaba que aquélla tenía un papel en la vida espiritual de Israel. Lo más provocativo –incluso desagradable– de Jesús era, por el contrario, que, lejos de citar precedentes de maestros anteriores o apoyarse en tradiciones interpretativas, se mostraba dotado de una autoridad que comenzaba y terminaba en sí mismo. Aún más, siempre que encontramos en sus labios menciones de alguna tradición –venga de donde venga, se refiera a lo que se refiera– es para presentar la misma en términos negativos. Desde la perspectiva de Jesús, el seguimiento de «la tradición de los ancianos» tenía como consecuencia directa una desvirtuación de las normas directamente dadas por Dios (Marcos 7, 3 ss.). Según se desprende de las fuentes, su deseo era volver al sentido primigenio de la Torá y, a su juicio, éste quedaba oscurecido, opacado e incluso prostituido por las diversas tradiciones religiosas. Una de las grandes acusaciones de Jesús lanzada contra sus contemporáneos se resumía en la frase «habéis invalidado el mandamiento de Dios por vuestra tradición» (Mateo 15, 6). Lejos de ser una ayuda, la tradición constituía, según Jesús, un mecanismo ideal para pervertir la Escritura.

Conciencia de pecado vs. autoridad para perdonar pecados

Aún más destacada que en el punto anterior resulta la distancia entre el Maestro de Justicia y Jesús en lo que a la relación personal con el pecado se refiere. Ya vimos cómo la conciencia de pecado fue una de las características más evidentes de la mentalidad del Maestro de Justicia. Su convicción de que era un personaje pecaminoso e inclinado al mal puede considerarse reflejada en afirmaciones como la confesión contenida en 4 Q 185 2, 15:«Yo sé el trabajo que cuesta hacer el bien».

Si el Maestro de Justicia conocía una inclinación en su interior era hacia el mal y en contra del bien y cabe la posibilidad de que precisamente esa visión le llevara (como posteriormente a Agustín, Tomás de Aquino, Calvino o Jansenio) a recalcar la doctrina de la predestinación. Si alguien tan perverso se salvaba sólo podía atribuirse, en su opinión, a un decreto predestinatorio de Dios que había decidido que, pese a todo, pudiera ser redimido no por sus obras sino por la inmerecida elección de Dios.

Así, en los documentos del mar Muerto podemos encontrar afirmaciones como las siguientes:

> A los malvados los has creado para el tiempo de la ira, desde el vientre los has predestinado para el día de la ruina. [1 QH 7, 21.]

> Yo sé que entre todos los has elegido a ellos y que ellos Te servirán a Ti por siempre. [1 QH 7, 27-8.]

Tanto malvados como justos eran seres inclinados al mal, cuyo destino eterno dependía finalmente de una decisión de Dios. En ello, empero, no podía verse una acción injusta. Dios simplemente salvaba sólo a unos cuantos de una humanidad abocada en su totalidad a la ruina final.

Toda esta visión, o cualquiera lejanamente similar, se halla ausente de la predicación de Jesús. Para empezar, no hay la más mínima referencia textual que señale, siquiera mínimamente, que se considerara pecador. A fuerza de ser sinceros, una de las cosas que más irritación parece haber provocado en sus contemporáneos fue ese tipo de comportamiento. Por un lado, Jesús señalaba a todos, sin excepción, como personas tocadas por el pecado —un pasaje como la parábola del fariseo y del publicano relatada en Lucas 18, 10 ss. debió resultar enormemente ofensivo— pero, al mismo tiempo, comía con pecadores reprobados públicamente sin temor a que pudieran mancharlo con sus pecados (Mateo 9, 10-1; Marcos 2, 15-6; Lucas 15, 1 ss.). De manera ciertamente peculiar, Jesús podía indicar que todos eran pecadores y no podían salvarse por sí mismos y, a la vez, acercarse a ellos para ofrecerles la salvación indispensable. Desde luego, la imagen del buen pastor o la del médico cercano a sus pacientes no podían ser más ajustadas al comportamiento de Jesús.

Sin embargo, Jesús distaba mucho de ser un optimista acerca del género humano. Ni minimizaba el pecado —por el contrario, era consciente de hasta qué punto éste llega hasta lo más profundo del ser humano— ni lo negaba. A decir verdad, compartía con el Maestro de Justicia la creencia de que todos los hombres son pecadores y de que ninguno es justo. Cuando condujeron ante él a una mujer sorprendida en adulterio sólo tuvo que preguntar a la multitud quién estaba libre de pecado como para lanzar la primera piedra contra ella y el tumulto se deshizo de forma casi inmediata (Juan 8, 7).

Realmente, todos los seres humanos se hallaban, según Jesús, marcados por el estigma del pecado. Sin embargo, mientras el Maestro de Justicia señalaba que el medio de eludir el justo castigo sólo procedía de la decisión de marchar a Qumrán y vivir de acuerdo con sus reglas, Jesús manifestaba el atrevimiento de afirmar que él en persona era el medio mediante el cual Dios perdonaba los pecados. Que esa conducta provocara en sus coetáneos la acusación de blasfemia no debería resultarnos extraño porque con ella Jesús se estaba atribuyendo una potestad que sólo tenía Dios. Un pasaje, transmitido por los tres sinópticos (Mateo 9, 1-8; Marcos 2, 1-12, Lucas 5, 17-26), ha dejado constancia de manera especial de tal vivencia:

> Entonces acudieron a él unos llevando a un paralítico, que iba cargado por cuatro. Y puesto que no podían acercarse a él a causa de la multitud, descubrieron el techo del lugar donde estaba y, practicando una abertura, bajaron el lecho en que yacía el paralítico. Cuando Jesús vio la fe de ellos, dijo al paralítico: «Hijo, tus pecados te son perdonados.» Estaban allí sentados algunos de los escribas, los cuales pensaban en sus corazones: ¿Por qué habla éste así? Dice blasfemias. ¿Quién puede perdonar pecados sino sólo Dios? [MARCOS 2, 3-7.]

Lejos de confesarse impotente ante el pecado –como sucedía, de manera bastante razonable, con el Maestro de Justicia– Jesús se comportaba asumiendo una conducta muy especial hacia el mismo. Aún más, manifestaba la pretensión de que nadie podía acusarlo de pecado. En una discusión con sus adversarios, transmitida por Juan (8, 46), Jesús profiere una pregunta retórica que jamás hubiera formulado el Maestro de Justicia «¿Quién de vosotros puede acusarme de pecado?»[1] Si el Maestro de Justicia aparece en las fuentes como un hombre poseído por una fuerte y poderosísima conciencia de pecado y, a la vez, había llegado a la conclusión de que él mismo sólo podía ser

---

1. El texto griego podría incluso traducirse como «¿quién de vosotros puede demostrar que yo he pecado?».

borrado por la bondad de Dios, por el contrario, Jesús pretendió tener autoridad para perdonar pecados e insistió en que él no había pecado nunca. De manera obvia, Jesús dirigió su llamada a todos y, muy en especial, a los que se sintieran agobiados por esta vida. Por ejemplo, afirma en Mateo 11, 28-9:

> Venid a mí todos los que estáis trabajados y cargados y yo os haré descansar. Llevad mi yugo encima vuestro, y aprended de mí, que soy manso y humilde de corazón; y hallaréis descanso para vuestras almas, porque mi yugo es fácil y mi carga es ligera.

Jesús, lejos de considerarse un pecador, se veía como manso y humilde. Además llamaba a todos —sin excepción— los que tuvieran necesidad afirmando que los que acudieran a él no se verían defraudados.

A lo largo de los Evangelios sigue apareciendo este aspecto de forma repetitiva. Jesús llamaba a todos y cada uno. Al final, todos acabarían respondiendo a su llamada bien acudiendo, bien no escuchándola, lo que equivalía, al fin y a la postre, a un rechazo.

Maestro vs. Mesías

No es menor la distancia entre el Maestro de Justicia y Jesús en lo que a la cuestión del Mesías se refiere. Ni el Maestro de Justicia ni sus seguidores consideraron que el primero fuera el Mesías. Todo lo contrario,[2] en los manuscritos del mar Muer-

---

2. El conjunto de obras referidas al mesianismo es inmenso. Mencionamos en esta nota algunas de las aportaciones más sugestivas, donde se recoge una discusión de la práctica totalidad de puntos de vista así

to, se dan algunas notas de interés en relación con la visión mesiánica. La primera es el hecho de que algunas de las fuentes mencionan la existencia de dos mesías. Así, en la Regla se hace referencia específica a la venida de dos mesías, uno de Aarón y otro de Israel (1 QS 9, 11).[3] En 1 QSa 2, 11 ss. se nos informa, por ejemplo, de cómo el Mesías de Aarón –que tenía características sacerdotales– participaría en el banquete escatológico junto al Mesías de Israel, que tenía un rango inferior.[4]

Esta visión de los dos mesías no fue, sin embargo, la única existente entre los esenios de Qumrán. En el Documento

_____

como considerable bibliografía: Klausner, J., *The Messianic Idea in Israel*, Londres, 1956; Ringgren, H., *The Messiah in the Old Testament*, Londres, 1956; Jeremias, J., *Teología del Nuevo Testamento, I: La predicación de Jesús*, Salamanca, 1974; Mowinckel, S., *El que ha de venir: mesianismo y mesías*, Madrid, 1975; Cullmann, O., *Christology of the New Testament*, pp. 111 ss.; Hengel, M., *Between Jesus and Paul*, Londres, 1983, pp. 65-77; Neusner, J., Green W. S. y Frerichs, E., *Judaisms and Their Messiahs at the Turn of the Christian Era*, Cambridge, 1987; Edersheim, A., *Prophecy and History according to the Messiah*, Grand Rapids, 1980 y Edersheim, A., *La vida y los tiempos de Jesús el Mesías*, Terrasa, 1988, v. II, pp. 689 ss. (acerca de la interpretación rabínica del Mesías); Vidal, C., «Mesías», *Diccionario de las tres religiones*, Madrid, 1993, y en Vidal, C., *Diccionario de Jesús y los Evangelios*, Estella, 1995. También puede examinarse al respecto Vidal, C., *El Documento Q*, Barcelona, 2005, y Vidal, C., *El judeo-cristianismo palestino en el siglo I*, Madrid, 1995.

3. Aunque una forma más primitiva del documento hallada en la Cueva 4 no alude a los mismos.

4. El origen de esta visión parece encontrarse en una corriente del pensamiento judío que aparece, por ejemplo, en los Testamentos de los XII Patriarcas, donde se hace referencia asimismo a un Mesías sacerdotal y a otro regio (TestRub 6, 7-12; TestSim 7, 2). También hallamos paralelos en el Libro de los Jubileos donde, igualmente, el Mesías sacerdotal es superior al regio (Jubileos 31, 13 ss.). Cabe la posibilidad de que esta visión fuera específicamente esenia y, quizá, derivara del anhelo –lógico en un movimiento donde el sacerdocio tenía una relevancia primordial– de que el Mesías no fuera una figura desvinculada del clero. Sin embargo, no podemos estar completamente seguros de que fuera así.

de Damasco aparecen dos tradiciones contrapuestas. Por un lado, se menciona a un Mesías que es, a la vez, de Aarón y de Israel (12, 23; 14, 19; 19, 10; 20, 1). Por otro lado, se hace referencia asimismo al Mesías de Aarón (6, 11) y al de Israel (7, 19). En los Himnos, parece, sin embargo, que existe un solo Mesías y que éste es davídico. El Mesías es designado con los títulos de hombre (*gbr*), varón (*zkr*) y admirable consejero (*pl' yv`sh*). Los dos últimos parecen ecos de los textos –generalmente interpretados en clave mesiánica– de Isaías 66, 7 e Isaías 9, 5. De estas noticias parece desprenderse que en Qumrán se produjo una evolución del concepto del Mesías y debido a ello, no se puede hablar de una concepción uniforme acerca del mismo. Con todo, el modelo que parece haber predominado fue el de una preeminencia sacerdotal, derivada del carácter propio de la secta.

En una línea también mesiánica habría que situar visiones como las del Hijo del hombre que aparecen en el libro de Daniel –y que fueron interpretadas mesiánicamente por el judaísmo del segundo templo– que apuntan, de hecho, no a un Mesías meramente humano sino de características celestiales.[5] Otros dos aspectos que revisten asimismo una relevancia especial y que sólo muy recientemente han quedado de manifiesto son la supuesta referencia a la muerte del Mesías en el ejercicio de su misión y a la identificación de éste con el siervo de YHVH.[6] De este personaje se nos habla en diversos

5. Sobre el tema, véase: Vidal, C., «Hijo del Hombre», *Diccionario de las tres religiones*, Madrid, 1993; Vidal, C., *El Documento Q*, Barcelona, 1993, pp. 148 ss., y Vidal, C., *De Pentecostés a Jamnia* (en prensa).

6. Sobre el tema, véase: Manson, T. W., *The Servant Messiah*, Cambridge, 1961; Vidal, C., «Siervo», *Diccionario de las tres religiones*, Madrid, 1993; Vidal, C., *El Documento Q*, Barcelona, 2005, pp. 144 ss. y Vidal, C., *De Pentecostés A Jamnia* (en prensa).

pasajes del libro bíblico de Isaías. En algunas ocasiones, el título de *siervo* es aplicado a Israel; en otras, al persa Ciro pero, en otras, con él se describe a un individuo que sería rechazado por Israel al ser considerado por éste de poco valor; que moriría expiatoriamente cargando con los pecados de los descarriados, pero causando la sensación en el extraviado Israel de que era Dios el que lo ejecutaba; que sería sepultado en tumba de ricos, pese a haber muerto como un criminal; que volvería luego a la vida (una posible referencia a la resurrección) y que obtendría la satisfacción de ver el fruto de su muerte (Isaías 52, 13-53, 12).

Este pasaje fue interpretado mesiánicamente por los primeros cristianos por razones obvias, pero con ello no eran originales ya que, por ejemplo, el Targum de Isaías también lo interpreta en clave mesiánica y nos encontramos con paralelos similares en la literatura rabínica. Es cierto que el judaísmo posterior a Jamnia (c. 90 d. J.C.) tendería a desproveer al pasaje de connotaciones mesiánicas para no proporcionar armas al adversario cristiano, pero esa táctica no obtuvo un éxito total y persistieron huellas de la interpretación más antigua.

La literatura de Qumrán, que es, obviamente, anterior a la controversia entre el cristianismo primitivo y el judaísmo posterior a Jamnia, parece haber recogido asimismo la identificación entre el *siervo* y el Mesías. Así, en pasajes como el fragmento 15 de 4 Q 381, el «siervo» de Dios de la línea 2 es identificado con el «Mesías» de la línea 7.

Que este Mesías resucitaría después de morir es algo que se desprende por pura lógica del texto de Isaías, tal y como nos ha sido transmitido por los sectarios de Qumrán. En el versículo 11 del capítulo 53 de Isaías se nos dice explícitamente que el Siervo, tras morir, verá la luz de la vida. Sobre esta referencia, ausente del texto hebreo masorético, volveremos luego.

Finalmente, resulta de importancia señalar que el Documento de Damasco 14, 19 hace una referencia clara al valor expiatorio (*vykpr:* «y él expiará») de la obra del Mesías. La idea de un Mesías cuya misión es expiatoria es muy importante en el cristianismo primitivo, pero parece haber desempeñado también un papel relevante en el judaísmo anterior a Jamnia. Una vez más, tal visión pudo verse alterada en el judaísmo posterior para no proporcionar argumentos favorables a los cristianos. No obstante, resquicios de la misma se hallan, como podemos ver, en Qumrán, entre otras cosas porque pasajes mesiánicos –como el ya citado de Isaías 53– hablaban de un Mesías muerto expiatoriamente.[7]

Resumiendo, pues, podemos señalar que en Qumrán no existió –como tampoco en el judaísmo del segundo templo– un concepto uniforme y homogéneo del Mesías. En ocasiones se pensó en la existencia de un solo Mesías, en otras en dos; a veces fue conectado sólo con la línea davídica, otras con Israel y con Aarón, etc. Con todo, su visión nos resulta especialmente interesante porque nos permite acabar con el mito de una concepción prácticamente uniforme del mesianismo del segundo templo. Sí resulta, sin embargo, de interés señalar que los esenios nunca vieron al Maestro de Justi-

---

7. Otro pasaje de interés es el que aparece en el Documento 4 Q 285, fragmento 5, donde se nos habla del Mesías como «el retoño de David». Éste debería entrar en conflicto con un personaje al que una laguna del texto no nos permite identificar con certeza y, a continuación, se nos informa de que «lo matará el Príncipe de la Congregación». El texto resulta demasiado fragmentario como para poder afirmar nada con absoluta certeza. Sí es posible, no obstante, que el pasaje íntegro hiciera referencia a un conflicto entre el Mesías de David y el sumo sacerdote (Príncipe de la Congregación) que había de concluir con la muerte del primero a manos del segundo. Tal visión contó, desde luego, con paralelos en el judaísmo de la época y, por razones obvias, en el cristianismo posterior.

cia como al Mesías o siquiera como a una de las dos figuras mesiánicas.

El caso de Jesús es obviamente distinto. Que sus discípulos lo tuvieron por el Mesías no puede cuestionarse porque el propio apelativo *Cristo*, considerado por muchos, erróneamente, como un nombre de pila, significa precisamente *Mesías* en lengua griega. En cuanto a la autoconciencia de mesianidad que tenía Jesús parece indiscutible a la luz de los datos que aparecen en las fuentes que nos han llegado. De hecho, como ha señalado el erudito judío David Flusser, los autores judíos que han estudiado a Jesús siempre han visto que eran obvias las pretensiones mesiánicas de éste (cuestión aparte es que las rechazaran de manera unánime). Sólo cuando estudiosos presuntamente cristianos han negado que Jesús[8] creyera ser el Mesías es cuando algún judío ha adoptado también ese punto de vista. Desde luego las diversas fuentes –sean cristianas o gentiles, amistosas o procedentes de adversarios– dejan de manifiesto que Jesús afirmó que era el Mesías.

Para empezar, éstas lo conectan en repetidas ocasiones con el concepto de «Siervo de YHVH».[9] En Lucas 22, 27, Jesús se define como «el que sirve» y en Lucas 14, 16-24, se

8. Flusser, D., *El cristianismo, religión judía*, Barcelona, 1995.

9. Sobre el Siervo, con exposición de distintas posturas y bibliografía, véase: Vidal, C., *Diccionario de Jesús y los Evangelios*, Estella, 1995; Hooker, M. D., *Jesus and the Servant*, Londres, 1959; Gerhardsson, B., «Sacrificial Service and Atonement in the Gospel of Matthew» en Banks R. (ed.), *Reconciliation and Hope*, Grand Rapids, 1974, pp. 25-35; Cullmann, O., *The Christology of the New Testament*, Londres, 1975, pp. 51 ss.; Juel, D., *Messianic Exegesis: Christological Interpretation of the Old Testament in Early Christianity*, Filadelfia, 1988; Bruce, F. F., *New Testament Development of Old Testament Themes*, Grand Rapids, 1989, pp. 83-99; Green, J. B., «The Death of Jesus, God's Servant» en Sylva D. D. (ed.), *Reimaging the Death of the Lukan Jesus*, Frankfurt del Meno, 1990, pp. 1-28 y 170-3.

presenta como «el siervo» que es enviado por el señor para invitar a la gente a un banquete. No sólo eso.

En Marcos 10, 45, uno de los textos emblemáticos para comprender quién pensaba ser Jesús, éste afirma:

> El Hijo del hombre no ha venido para ser servido, sino para servir, y para dar su vida como rescate por muchos.

En todos los casos, parece evidente que el título es una traducción del «Ebed YHVH» (siervo de YHVH)[10] al que se hace referencia en los cantos de Isaías 42, 1-4; 49, 1-7; 50, 4-11 y 52, 13-53, 12. Una lectura de los mismos nos permitirá captar las dimensiones del personaje:

> Aquí está mi siervo. Yo lo sostendré. Mi escogido, en quien se complace mi alma. Sobre él he puesto mi Espíritu. Él traerá justicia a las naciones. No gritará ni levantará la voz, ni la hará oír en las calles. No quebrará la caña cascada, ni extinguirá el pábilo que humea. Traerá la justicia por medio de la verdad. No se cansará ni desmayará, antes de establecer la justicia en la tierra; y las costas esperarán su ley. [ISAÍAS 42, 1-4.]

---

10. Para un estudio de este título desde una perspectiva veterotestamentaria, véase: North, C. R., *The Suffering Servant in Deutero-Isaiah*, Oxford, 1956; De Leeuw, V., *De Ebed Jahweh-Profetieen*, Lovaina-París, 1956; Rowley, H. H., *The Servant of the Lord and other essays on the Old Testament*, Oxford, 1965, pp. 1-93. Sobre la utilización del título por parte de la Iglesia primitiva, véase: Harnack, A., *Die Bezeichnung Jesu als Knecht Gottes und ihre Geschichte in der alten Kirche*, Berlín, 1926, pp. 212 ss.; Vermes, G., *Jesús el judío*, Barcelona, 1977, p, 171 ss.; Cullmann, O., *Christology of the New Testament*, Londres, 1975, pp. 51 ss.; Cullmann, O., «Gesú, Servo di Dio» en *Protestantesimo*, 3, 1948, pp. 49 ss.; Zimmerli, W., Jeremias, J., «The Servant of God» en SBT, 20, 1957, pp. 43 ss.; Manson, T. W., *The Servant-Messiah. A Study of public ministry of Jesus*, Manchester, 1953, Vidal, C., «Siervo de Yahveh», *Diccionario de las tres religiones*, Madrid, 1993, y Vidal, C., «Siervo», *Diccionario de Jesús...*.

Poco es para mí que tú seas mi siervo para levantar las tribus de Jacob, y para que restaures el remanente de Israel. También te he dado por luz a las naciones, para que seas mi salvación hasta los confines de la tierra. [ISAÍAS 49, 6.]

¿Quién ha creído en nuestro anuncio y sobre quién se ha manifestado el brazo de YHVH? Subirá cual renuevo ante él, y como una raíz que brota en tierra seca. No existe en él atractivo ni belleza. Lo veremos, pero no con atractivo suficiente como para que lo deseemos.

Despreciado y desechado por los hombres, hombre de dolores, que experimentará sufrimiento. Fue despreciado cuando escondimos nuestro rostro de él y no lo apreciamos.

En verdad, llevó él nuestras enfermedades y sufrió nuestras dolencias; y nosotros pensamos que era azotado, herido por Dios y abatido.

Pero lo cierto es que fue herido por nuestras rebeliones, aplastado por nuestros pecados. El castigo que produciría nuestra paz estuvo sobre él y fuimos curados por su llaga.

Todos nosotros nos descarriamos como ovejas. Cada uno por su camino. Pero YHVH cargó sobre él el pecado de todos nosotros.

Aunque sufría angustia y aflicción, no abrió la boca. Fue llevado al matadero como un cordero. Como una oveja que se halla ante los que la trasquilan, quedó mudo sin abrir la boca.

Fue quitado por juicio y prisión. ¿Quién contará su generación? Porque fue arrancado de la tierra de los seres vivos, y fue herido por la rebelión de mi pueblo.

Y se pensó en sepultarlo con los impíos, pero, una vez muerto, estuvo entre ricos. Aunque nunca hizo mal, ni en su boca existió engaño.

Pese a todo, YHVH quiso quebrantarlo, sometiéndolo a

sufrimiento. Después de poner su vida en expiación por el pecado, verá su descendencia, vivirá largos días, y la voluntad de YHVH será prosperada en él.

Tras la aflicción de su alma, verá la vida,[11] y quedará satisfecho.

Mediante su conocimiento justificará mi siervo a muchos, y llevará sus pecados. [ISAÍAS 53, 1-11.]

Los pasajes anteriores, escritos varios siglos antes de Jesús (ocho o cinco, según el autor a que se atribuyan), se refieren a un personaje que vendría en el futuro y cuyas características aparecen bien perfiladas. Por un lado, restauraría al Israel extraviado (y por ello no puede ser identificado con Israel o el pueblo judío); por el otro, su misión incluiría además la salvación de los no judíos. Además traería una nueva Ley. Aunque daría la sensación de que era ejecutado por Dios, en realidad, estaría muriendo expiatoriamente por los pecados de Israel. No se opondría a que lo ejecutaran y, aunque debería ser sepultado con criminales, lo cierto es que su cuerpo estaría en tumba de ricos. Su muerte, sin embargo, no sería el final de la historia. Tras expiar el pecado muriendo, vería luz, es decir, volvería a la vida, resucitaría, y serviría de salvación a muchos.

Este siervo, cuya muerte tenía un significado sacrificial y expiatorio, ya había sido identificado con el Mesías antes del nacimiento de Jesús –como hemos visto en el caso de los Documentos del mar Muerto–[12] y se había afirmado incluso que su muerte sería en favor de los impíos.[13] Así, en el Enoc etíope,

11. Lit: *luz*, según el rollo de Isaías de Qumrán y los LXX.
12. Véase especialmente Knohl, I., *The Messiah Before Jesus. The Souffering servant of The Dead Sea Scrolls*. Barcelona, 2000.
13. Dix, G. H., «The Messiah ben Joseph» en JTS, 27, 1926, pp. 136 ss.; Davies, W. D. *Paul and Rabbinic Judaism*, Londres, 1948, pp. 247 ss.

el *siervo* aparece identificado con la figura del Hijo del hombre (13, 32-7; 14, 9; 13, 26 con Isaías 49, 2), al que se describe en términos mesiánicos tomados de los cantos del siervo. De él se nos dice que es luz de las naciones (48, 4 con Isaías 42, 6), que posee un nombre pronunciado antes de la creación en presencia del Señor de los espíritus (48, 3 con Isaías 49, 1), etc. Existen paralelos de esta visión también en la literatura rabínica.[14]

El canto de Isaías 52, 13-3, 12 –que hemos traducido en su mayor parte arriba– tiene asimismo claras resonancias mesiánicas en la literatura judía. A título de ejemplo puede mencionarse que Isaías 52, 3 es citado mesiánicamente en el Talmud (Sanh. 97b); que Isaías 52, 8 es considerado como mesiánico por Midrash sobre Lamentaciones, tal y como mencionamos antes; que Isaías 52, 12 es aplicado al Mesías en Éxodo R. 15 y 19; que Isaías 52, 13 es relacionado expresamente con el Mesías por el Targum y que Isaías 53, 5 se conecta con el Mesías en Midrash sobre Samuel y se hace referencia específica a los sufrimientos del Mesías.

Este mismo punto de vista aparece reflejado en el Talmud (Sanh 98b) donde los discípulos de Judá ha-nasi todavía conectan Isaías 53, 4 con el Mesías. En cuanto al Midrash so-

---

14. En la misma, el Siervo de Isaías 42 fue identificado con el Mesías por el Targum de Isaías, al igual que por el Midrash sobre el salmo 2 y Yalkut II, 104 . El Targum veía también en el siervo de Isaías 43, 10 a «mi siervo el Mesías». De la misma manera, el siervo de Isaías 49 es identificado con el Mesías en repetidas ocasiones. En Yalkut II, 52 b, Isaías 49, 8 es citado como demostración de los sufrimientos del Mesías y en Yalkut II, 52 a Isaías 49, 9 es citado como palabras del Mesías. Isaías 49, 10 es citado por el Midrash de Lamentaciones precisamente en conexión con el texto mesiánico de Isaías 11, 12. Isaías 49, 14 es aplicado mesiánicamente en Yalkut II, 52 c. Isaías 49, 21 es citado también como mesiánico en Midrash sobre Lamentaciones, en relación con el Salmo 11, 12. Isaías 49, 23 es conectado con el Mesías en Levítico R. 27 y en el Midrash del Salmo 2, 2, etc.

bre Rut 2, 14, refiere este pasaje a los sufrimientos del Mesías, al igual que lo hace Pesiqta Rabbati 36.

De no menos interés resultan las posibles referencias a la resurrección del Siervo de YHVH. Así, en Isaías 53, 8 y 10, se nos refiere no sólo que el Siervo «fue cortado de la tierra de los vivientes» sino que también, tras su muerte expiatoria, «prolongará sus días» y «verá luz». La palabra *luz* se halla ausente del Texto Masorético, pero debió de pertenecer al original. Buena prueba de ello es que aparece en la LXX y que está asimismo atestiguada en dos manuscritos hebreos precristianos de la Cueva 1 de Qumrán (1 QIsáiá y 1 QIsb).

A diferencia del Maestro de Justicia, Jesús se vio a sí mismo como ese Siervo de YHVH que era un Mesías sufriente[15] y las circunstancias de su muerte y sepultura no sólo no disuadieron a sus seguidores de que tal punto de vista fuera correcto sino que, como era totalmente lógico, les confirmaron aún

15.   En términos generales, extraemos nuestra la opinión de C. H. Dodd en *According to the Scriptures*, Londres, 1952, p. 110, que «no puede ver ninguna base razonable» para dudar de que Jesús «asoció el lenguaje relativo al Hijo del hombre con el que se había utilizado en conexión con el Siervo del Señor, y lo empleó para expresar el significado y situación de su propia muerte que se aproximaba». Estudios sobre la cuestión manteniendo la misma postura que expresamos aquí en Manson, T. W., *The Servant-Messiah*, Cambridge, 1953; Morris, L., *The Apostolic Preaching of the Cross*, Grand Rapids, 1956, pp. 9-59; France, R. T., «The Servant of the Lord in the Teaching of Jesus» en TynB, 19, 1968, pp. 26-52; Marshall, I. H., «The Development of the Concept of Redemption in the New Testament» en Banks, R. (ed.), *Reconciliation and Hope: New Testament Essays on Atonement and Eschatology presented to L. L. Morris*, Exeter, 1974, pp. 153-69; Leivestad, R., *Jesus in his own perspective*, Minneapolis, 1987, especialmente pp. 169 ss.; Bruce, F. F. *New Testament developments....*, 1989, pp. 96 ss. Asimismo, hemos tratado este tema con anterioridad en «Jesús» y «Siervo de Yahveh» en Vidal, C., *Diccionario de las tres religiones*, Madrid, 1993 y *Diccionario de Jesús y los Evangelios*, Estella, 1995.

más en esa convicción. Jesús era el Siervo de YHVH y en él se habían cumplido con precisión matemática las profecías relativas a su ministerio. Por lo tanto, sólo cabía aceptar que su muerte había sido expiatoria, que era el método utilizado por Dios para salvar al género humano y que debía ser objeto de una predicación clara, invitando a la gente a aceptarla por fe.

Pese a todo, posiblemente, el título mesiánico utilizado por Jesús de manera preferencial fue el de Hijo del hombre[16] (Lucas 6, 22; 7, 34; 9, 57-8; 11, 29 ss.; 12, 8-9; 12, 42; 17, 22 ss. y par.). La discusión científica acerca de este tema ha sido considerable en las últimas décadas. Precisamente por ello, se impone examinar esta expresión en el contexto del judaísmo para captar el significado que le quiso dar Jesús.

16.   La literatura a propósito del Hijo del hombre es muy extensa. Para discusión de las diversas posturas con abundante bibliografía, véase: Bentzen, A., *Messias, Moses redivivus, Menschensohn*, Zúrich, 1948; Black, M., «The Son of Man in the Old Biblical Literature», *Expository Times*, 40, 1948, pp. 11-5; Black, M., «The Son of Man in the teaching of Jesus», *Expository Times*, 40, pp. 32-6; Black, M., «The Servant of the Lord and the Son of Man» en SJT, 6, 1953, pp. 1-11; Manson, T. W., «The Son of Man in Daniel, Enoch and the Gospels» en BJRL, 32, 1950, pp. 171-93; Emerton, J. A., «The Origin of the Son of Man Imagery» en JTS, 8, 1958, pp. 225-43; Coppens, J., Dequeker, L., *Le Fils de l'homme et les Saints du Très Haut en Daniel VII, dans les Apocryphes et dans le Nouveau Testament*, Lovaina, 1961; Cullmann, O., *Christology...*, pp. 137 ss.; Kim, S., *The Son of Man as the Son of God*, Grand Rapids, 1983; Lindars, B., *Jesus Son of Man*, Grand Rapids, 1983; Bauckham, R. J., «The Son of Man: A Man in my Position or Someone» en JSNT, 2, 1985, pp. 23-33 (una respuesta de B. Lindars en ibídem, pp. 35-41); Caragounis, C. C., *The Son of Man*, Tubinga, 1986; Casey, M., *Son of Man*, Londres, 1979; Casey, M., «General, Generic and Indefinite: The Use of the Term Son of Man in Aramaic Sources and in the Teaching of Jesus» en JSNT, 29, 1987, pp. 21-56; Leivestad, R., *op, cit.*, 1987, pp. 165 ss.; Marshall, I. H., «Son of Man» en DJG, 1992, pp. 775-81; Vidal, C., «Hijo del hombre», *Diccionario de las tres religiones*, Madrid, 1993 y en *Diccionario de Jesús y los Evangelios*, Estella, 1995.

El título «Hijo del hombre» aparece por primera vez en Daniel 7, 13 con un significado que ha sido interpretado de maneras muy diversas. Pese a todo, lo cierto es que tanto el Enoc etíope como 4 Esdras identifican al «Hijo del hombre» con el Mesías. En 4 Esdras, el «Hijo del hombre» se manifiesta volando con las nubes del cielo (4 Esdras 13, 3), aniquila al enemigo con el hálito de su boca (4 Esdras 13, 8 ss., pasaje que recoge además resonancias mesiánicas de Isaías 11, 4) y reúne a una multitud pacífica (4 Esdras 13, 12-3). Este «Hijo del hombre» es «aquel al que el Altísimo ha estado guardando durante muchos tiempos, el que salvará personalmente Su creación» (4 Esdras 13, 26), aquel al que Dios llama «mi Hijo» (4 Esdras 13, 32, 37 y 52) y vencerá a los enemigos de Dios (4 Esdras 13, 33 ss.). Asimismo, el «Hijo del hombre» es identificado con el siervo isaíano de Dios (13, 32-37; 14, 9), al que se preserva (13, 26 con Isaías 49, 2). En el Enoc etíope, el «Hijo del hombre» tiene su asiento en el trono de la gloria (45, 3; 55, 4; 61, 8; 62, 2; 69, 27), será apoyo de los justos y de los santos, luz de las naciones y esperanza de los oprimidos (48, 4); los justos y elegidos disfrutarán de la comunión con él en mesa y vida (62, 14). El Enoc etíope describe asimismo al «Hijo del hombre» con pasajes tomados de los cantos del Siervo de YHVH.[17]

La literatura rabínica también contiene esta identificación del «Hijo del hombre» con el Mesías. En el Talmud (Sanh 98 a) se considera el texto de Daniel 7, 13 como una referencia al Mesías que, de haberse portado Israel dignamente, habría venido en las nubes del cielo; mientras que, en caso contrario, estaría obligado a venir humilde y cabalgando en

17. Así es «luz de las naciones» (48, 4 con Isaías 42, 6; 49, 6), su nombre es pronunciado antes de la creación «en presencia del Señor de los espíritus» (48, 3 con Isaías 49, 1), estaba oculto ante Dios (48, 6; 62, 7 con Isaías 49, 2), etc.

un asno.[18] De manera similar, Daniel 7, 9 fue interpretado como una referencia al trono de Dios y al del Mesías por Aquiba (Hag 14a) y Daniel 7, 27 es entendido en Números R. 11 como relativo a los tiempos del Mesías.

Jesús, al referir a sí mismo el título de «Hijo del hombre» o el concepto de «siervo de YHVH» se autodesignaba como Mesías[19] pero no como uno cualquiera sino como el descrito según los cantos isaíanos del Siervo. No es extraño por ello que reconociera ser el Mesías cuando así lo afirmaron, en privado, sus discípulos más cercanos (Mateo 16, 13-20; Marcos 8, 27-30; Lucas 9, 18-21) y que hiciera su entrada en Jerusalén a semejanza de lo profetizado por el oráculo mesiánico de Zacarías 9, 9 ss.

Insistamos en ello. A diferencia del Maestro de Justicia, Jesús se presentó como el Mesías. Sin embargo, no se vio ni se proclamó nunca como el Mesías guerrero, sino como el que sería ejecutado injustamente según el propósito salvador

18. Véase: Zacarías 9, 9 con Marcos 11, 1 ss. y paralelos.
19. El conjunto de obras referidas a este título es inmenso. Mencionamos en esta nota algunas de las aportaciones más sugestivas, donde se recoge una discusión de la práctica totalidad de puntos de vista así como considerable bibliografía: Klausner, J., *The Messianic Idea in Israel*, Londres, 1956; Ringgren, H., *The Messiah in the Old Testament*, Londres, 1956; Jeremias, J., *Teología del Nuevo Testamento, I: La predicación de Jesús*, Salamanca, 1974; Mowinckel, S., *El que ha de venir: mesianismo y Mesías*, Madrid, 1975; Cullmann, O., *Christology...*, pp. 111 ss.; Bornkamm, G., *Jesús de Nazaret*, Salamanca, 1975; Vermes, G., *Jesús...*, Hengel, M., *Between Jesus and Paul*, Londres, 1983, pp. 65-77; Neusner, J., Green W. S., Frerichs, E., *Judaisms and Their Messiahs at the Turn of the Christian Era*, Cambridge, 1987; Edersheim, A., *Prophecy and History according to the Messiah*, Grand Rapids, 1980 y Edersheim, A., *La vida y los tiempos de Jesús el Mesías*, Terrassa, 1988, v. II, pp. 689 ss. (acerca de la interpretación rabínica del Mesías); Vidal, C., «Mesías» en *Diccionario de las tres religiones*, Madrid, 1993 y en *Diccionario de Jesús y los Evangelios*, Estella, 1995.

de Dios; no como el aniquilador sino como el que curaba; no como el rey racialmente judío que uniría a la nación contra Roma sino como el siervo de YHVH al que Israel no comprendería. Jesús era el Mesías y el Mesías judío, pero no cualquier Mesías sino el profetizado por Isaías, por Zacarías y por otros profetas.

Como hemos podido ver en estas páginas, y pese a sus innegables coincidencias, Jesús y el Maestro de Justicia tenían una autoconciencia radicalmente opuesta. Si en éste hallamos a un personaje abrumado por el pecado y sólo aliviado por la creencia en una misericordia divina que se manifestaba en un decreto de predestinación, en aquél nos encontramos con alguien que se sentía investido de un poder más que humano que no sólo le llevaba a invitar a los agobiados a acudir a él, sino que también le impulsaba a perdonar pecados (no sólo a anunciar el perdón de los mismos) y a presentarse como el Mesías, concebido éste de acuerdo con la visión isaiana del Siervo de YHVH.

Sin embargo, y pese a la distancia conceptual existente entre ambos personajes, las mayores diferencias entre el Maestro de Justicia y Jesús no fueron posiblemente las señaladas. Se relacionaron, por el contrario, con cuestiones como su actitud frente a la muerte, frente a la Torá, frente al templo, frente al Nuevo Pacto y frente a Dios. Todos esos aspectos los trataremos en el próximo capítulo.

CAPÍTULO VI

Jesús y el Maestro de Justicia: un análisis comparativo (III)

En el capítulo anterior contemplamos, tras realizar un análisis comparativo entre la figura del Maestro de Justicia y de Jesús, algunos de los rasgos más significativamente discordantes entre ambos. Pese a todo, no puede decirse que los mencionados hasta ahora pueden ser considerados los más claramente incompatibles. En las próximas páginas tendremos ocasión de ver aspectos en los que la colisión entre ambas personalidades resultó mucho más aguda.

Muerte en Qumrán vs. muerte expiatoria

Ciertamente tanto el Maestro de Justicia como Jesús se enfrentaron con una clara oposición en el curso de sus respectivos ministerios. Tal circunstancia constituye un dato auténticamente incuestionable desde una perspectiva histórica. Ahora bien, mientras que lo más seguro es que el Maestro de Justicia acabara sus días en tranquilidad en Qumrán, el caso de Jesús fue muy distinto. Aún más radicalmente diferente fue el sentido que otorgaron a sus muertes respectivas.

El fallecimiento del primero no fue dotado ni por él ni por sus seguidores de ningún contenido teológico específico, salvo el de justo fiel al que, injustamente, se ha perseguido. El Maestro de Justicia murió, seguramente fue llorado y sus discípulos quedaron a la espera de la llegada de los dos mesías.

El caso de Jesús fue radicalmente distinto. Desde luego, vio su muerte como una parte del plan de Dios. Así, Jesús señaló que tendría que beber la copa de la muerte, que sería sumergido en la muerte o que la hora de la misma se hallaba cerca (Marcos 10, 38-9 y par.; 14, 35 y 41 y par.); manifestó que tal era el destino lógico de un Mesías rechazado (Marcos 12, 1-12; Mateo 21, 33-46; Lucas 20, 9-19) o indicó en los días inmediatamente anteriores a su prendimiento que su sepultura estaba cerca (Mateo 26, 6-13 y par.). En cuanto a sus seguidores más cercanos lo contemplaron, con toda lógica, como el Mesías-siervo que había muerto por los pecados de Israel (Hechos 2, 29 ss., etc.).

Tanto en un caso como en otro no podía ser de otra manera porque, de acuerdo con lo establecido en los cantos del Siervo contenidos en el libro del profeta Isaías, el Mesías pondría su vida como expiación del pecado de los extraviados. Por ello, la muerte de Jesús no fue considerada ni casual ni resultado de un error de cálculo ni tampoco una simple manifestación de las conveniencias de algunos dirigentes judíos en connivencia con Poncio Pilato, el gobernador romano. Tampoco se vio reducida —como en el caso del Maestro de Justicia— a un caso más de «justo sufriente e injustamente perseguido». Según Jesús y sus seguidores, en ella se cumplían las palabras de Jesús que lo identificaban con el Siervo que entregaría su vida de forma expiatoria (Marcos 10, 45). Si una pudo ser la muerte de un hombre justo, la de Jesús fue presentada como el sacrificio del Mesías. La, diferencia ciertamente, resultaba notable.

Cumplimiento de la Torá vs. libertad frente a la Torá

Aún mayor si cabe es la distancia existente entre los dos personajes en relación con la Torá. Pese a la autoconciencia de pecado y desmerecimiento que aparece en los manuscritos del mar Muerto, no es menos cierto que los mismos muestran una mentalidad, fruto de la del Maestro de Justicia, centrada en un cumplimiento riguroso, puntilloso podríamos decir, de la ley de Moisés, de acuerdo con su estricta interpretación.

Jesús, por el contrario –que se presentó como superior a Salomón (Mateo 12, 6), a los patriarcas (Juan 4, 12; 8, 53), a Moisés (Juan 6), al sábado (Lucas 6, 5) y a Juan el Bautista (Mateo 11, 11)– dejó en claro que mantenía una actitud de absoluta libertad frente a la Torá de Moisés. Así, aunque fue un cumplidor riguroso de la misma –la imagen de un Jesús transgresor de la Torá es insostenible a la luz de las fuentes– no es menos cierto que se permitió profundizarla («cumplirla» según su terminología específica) en algunos aspectos concretos. El conjunto de enseñanzas conocido convencionalmente como el Sermón del Monte (Mateo 5-7) es una buena muestra de esa independencia de Jesús y de su enfoque peculiar de la Torá mosaica. En Mateo 5, 17-48, nos encontramos, por ejemplo, con seis antítesis claras entre el pensamiento de Jesús y lo que establecía la Torá de Moisés. De acuerdo con las mismas, Jesús pretendió interpretar y profundizar la Torá.

Así, la Torá enseñaba que no se podía matar (Éxodo 20, 13; Deuteronomio 5, 17), pero Jesús insistió en el hecho de que el enojo o el insulto eran asimismo dignos del infierno y que, por ello, la reconciliación con el prójimo precedía al cumplimiento de los preceptos rituales (Mateo 5, 22-6).

La Torá de Moisés prohibía el adulterio (Éxodo 20, 14; Deuteronomio 5, 18), pero Jesús enseñó que el que codiciaba a una mujer ya había cometido realmente adulterio (Mateo 5, 27-30).

La Torá de Moisés permitía el divorcio exigiendo sólo el requisito legal de entregar un certificado del mismo a la esposa repudiada (Deuteronomio 24, 1-4), pero Jesús enseñó que, salvo en caso de adulterio, el divorcio no estaba permitido y que el que se casara con una divorciada cometía adulterio (Mateo 5, 31-2).

La Torá de Moisés prohibía el perjurio (Levítico 19, 12), pero Jesús enseñó que no debía realizarse ningún tipo de juramento, sino que la palabra de uno debía ser tan fiable que no fuera necesario decir más que «sí» o «no» (Mateo 5, 34-7).

La Torá de Moisés establecía la ley de talión expresada en la máxima «ojo por ojo y diente por diente» (Éxodo 21, 24; Levítico 24, 20, Deuteronomio 19, 21) pero Jesús mantuvo una enseñanza mucho más radical:

> No resistáis al malvado. Antes a cualquiera que te hiera en la mejilla derecha, ponle también la otra; y al que desee ponerte a pleito y quitarte la túnica, déjale también la capa; y a cualquiera que te obligue a llevar carga una milla, ve con él dos. Al que te pida, dale; y al que quiera tomar de ti prestado, no se lo niegues. [MATEO 5, 39-42.]

Jesús aparece así vez tras vez no como alguien que deseara quebrantar la Torá de Moisés sino, por el contrario, como aquel que pretendía dar pleno cumplimiento a las intenciones de la misma.[1] Tal postura no era rara, ya que el Siervo de Isaías debía traer su propia ley (Isaías 42, 4). Pero, en cualquier caso, enfrentaba a Jesús frontalmente con las tesis del Maestro de Justicia y con las de aquellos que, como él, pre-

---

1.   La postura de Jesús en relación con el sábado, los alimentos y la pureza ritual será analizada en la tercera parte del presente estudio.

tendían que la vida espiritual de la nación girara en torno a la ley mosaica interpretada como siempre.

Sectarización de la Escritura vs. cumplimiento de la Escritura

Tuvimos ocasión de ver en páginas anteriores la manera en que el Maestro de Justicia y sus seguidores forjaron un sistema hermenéutico mediante el cual proyectaban sobre los textos de la Escritura sus propias experiencias. Su interés no era tanto la interpretación de la Biblia cuanto el descubrimiento en la misma de pasajes que, presuntamente, se referían a ellos. La hermenéutica de Jesús se nos muestra, sin embargo, bajo un enfoque radicalmente distinto. Para empezar, la Escritura le proporcionaba las claves para enfrentarse con aquellas tradiciones que, a su juicio, quebrantaban la finalidad perseguida por Dios. Así, en su opinión, era mucho más importante honrar al padre y a la madre –como ordenaba la ley de Moisés– que dedicar los bienes destinados a los padres a un servicio religioso (Marcos 7, 1-23; Mateo 15, 1-20).

Las dos vías de interpretación resultaban así encontradas. El Maestro de Justicia y sus seguidores leían la Escritura «con los dados cargados», si se nos permite la expresión. Buscaban a sabiendas de lo que, por un camino u otro, iban a encontrar. En el caso de Jesús, la lectura de la Escritura no estaba mediatizada por lo que deseaba encontrarse sino que, más bien, indicaba precisamente cómo deberían desenvolverse los hechos futuros. Las acciones que descubrimos en las fuentes tenían la pretensión no de derivar de lo sucedido un presunto precedente bíblico (como los esenios) sino más bien de encajar esas resonancias bíblicas en la vida cotidiana. No se trataba, por lo tanto, de legitimar una vía de acción ya emprendida (Maestro de Justicia) sino de seguir, «según las Escrituras», una misión concreta de acuerdo con las líneas establecidas para ésta. Jesús no buscaba, como el Maestro de Justicia, descubrirse en textos de la Escritura sino amoldar su vida a las concepciones de aquélla. Su interés no estaba tanto en afirmar que era el Siervo descrito en Isaías 53, como en desenvolverse de una forma que correspondiera con este personaje concreto. Hasta qué punto fue consecuente con ese enfoque podemos verlo en el hecho de su aceptación de un destino que desembocaba en la muerte, una muerte que contempló cargada de contenido expiatorio.

Oposición al templo vs. provisionalidad del templo

Igualmente distinto fue el acercamiento al templo de Jerusalén que vemos en el Maestro de Justicia y en Jesús. Para el primero, éste no era ya sino un lugar reprobado por Dios, que había sido sustituido además por la comunidad de Qumrán. Participar en su culto, aun con matices, como sucedía con otros esenios, resultaba intolerable para los sectarios del mar Muerto.

La visión de Jesús resultó mucho más matizada. Para empezar, no se opuso a participar en el culto del templo. Tenemos noticia de que asistió a sus celebraciones relacionadas con las festividades anuales y no parece que disuadiera de hacer lo mismo a los discípulos (Juan 1, 19 ss.; 5; 7; etc.). Incluso tenemos noticia de que aprovechó las dependencias del lugar para enseñar (Mateo 21, 23 ss. y par). Con todo, su visión del templo distó mucho de ser acrítica. Así, Jesús reaccionó indignadamente contra los que comerciaban en el interior del templo, ocupando con sus mercancías el patio destinado a los no judíos (Mateo 21, 12 ss. y par.). La conducta de aquellos vendedores privaba a los no judíos de la posibilidad de adorar al Dios de Israel y además contaminaba el carácter sagrado del lugar, que estaba destinado a ser casa de oración. Jesús creía que la existencia del templo derivaba de un mandato de Dios (Juan 4) pero, al mismo tiempo, no pensó que la santidad del lugar pudiera ocultar las indignidades que se cometían en el mismo.

Esta contradicción palpable entre los fines del lugar y la vida real del mismo, así como el rechazo evidente de Jesús como Mesías, contribuyeron seguramente a que entendiera que los días del templo estaban contados. Lucas 13, 31-5 y Mateo 23, 37-9 reproducen una enseñanza de Jesús procedente del Documento Q en la que dejó bien claro que el templo («vuestra casa») sería destruido y se convertiría en un lugar desolado. El hecho de que Q sea una fuente anterior al año 70 d. J.C., en que fue destruido el templo, demuestra sin ningún género de dudas que las profecías de Jesús sobre el arrasamiento del mismo, lejos de ser vaticinia ex eventu, fueron pronunciadas por él mismo en torno al año 30 d. J.C. Algo similar podemos decir de los denominados –muy discutiblemente, a nuestro juicio– apocalipsis sinópticos (Mateo 24, Marcos 13 y Lucas 21) donde Jesús anuncia la destrucción del templo. Por lo tanto, éste, a diferencia del MJ y sus seguidores, no rechazó participar en el templo, pero dejó bien establecido que la propia evolución espiritual de Israel –si deseaba amoldarse a los propósitos de Dios– pasaría por ver el final del templo, auténtico baluarte de un sistema religioso pervertido que había rechazado además al Mesías. Se trataba, sin duda, de un mensaje duro pero, que, en realidad, encajaba a la perfección con los profetas de Israel que habían profetizado siglos antes el arrasamiento del templo de Jerusalén si la nación permanecía en su apostasía (Ezequiel 9, 10; Jeremías 11, 15-7; 25, 1-13).

Nuevo Pacto monástico vs. Nuevo Pacto basado en la muerte expiatoria del Mesías

El conjunto de características que hemos visto en las páginas anteriores nos permite comprender por qué un concepto como el del Nuevo Pacto –expresado ya siglos atrás por el profeta Jeremías– no podía ser contemplado de manera similar por el Maestro de Justicia y sus seguidores y por Jesús. Los primeros creían estar viviendo ya en esa situación, pero como consecuencia directa de su huída desde Jerusalén al desierto de Judea. Ese abandono de una realidad que juzgaban pervertida daba inicio a una nueva situación en la que sólo ellos mantenían una relación correcta y adecuada con Dios.

El punto de vista de Jesús no giraba en torno a la pertenencia a una organización, sino al papel desempeñado por su misma persona. Su muerte en favor de muchos era, precisamente, lo que daba inicio a un Nuevo Pacto (Mateo 26, 27-9; Marcos 14, 22-5; Lucas 22, 19-20). Igual que el sacrificio del cordero había sido señal de que se acercaba la liberación de Israel en Egipto, el sacrificio de Jesús indicaba los inicios de un Nuevo Pacto. Este Nuevo Pacto comenzaba con él y la inclusión en él mismo derivaba de aceptar o no a Jesús como el siervo-Mesías. Aquellos que creyeran en él, tal y como él se presentaba, podían entrar en el Nuevo Pacto prescindiendo de su procedencia concreta. Los demás habían quedado excluidos y, a semejanza del templo de Jerusalén, sólo podían esperar la ruina como consecuencia de sus actos.

Revelación divina vs. filiación divina

Sin embargo, el aspecto más claramente diferenciador entre el Maestro de Justicia y Jesús lo constituyó el referido a su propia esencia personal. Como ya vimos, el Maestro de Justicia podía considerarse una persona de vil consistencia moral pero, a la vez, su valor esencial arrancaba de haber sido predestinado por Dios para ser receptáculo del conocimiento de secretos ignotos. Se trataba de un ser humano lleno de debilidades y pecado, pero, a la vez, depositario de una revelación, de una misión, de una vía de interpretación incomparable.

Como ya tuvimos ocasión de ver, la autovisión de pecado se halló ausente del pensamiento y de las acciones de Jesús. Pero además se consideró desprovisto de pecado e incluso se permitió la incalificable osadía de comer con los pecadores y perdonarlos. Además se vio a sí mismo como un ser de naturaleza especial e incomparable. Si poseía una revelación especial, ésta no se encontraba relacionada con su indignidad sino que, precisamente, quedaba explicada por su especial posición con relación a Dios Padre, una relación que no admitía parangón con la de nadie.

Que Jesús se consideró a sí mismo el Hijo de Dios es algo que se desprende, sin lugar a duda posible, de las mismas fuentes. Las palabras de Jesús recogidas en Lucas 10, 21-2, repetidas por Mateo 11, 25-7, y cuya primera consignación seguramente se hallaba en el Documento Q, constituyen una prueba difícilmente refutable de tal afirmación. Las mismas decían así:

En aquella misma hora Jesús se regocijó en el Espíritu, y dijo: «yo te alabo, Padre, Señor del cielo y de la tierra, porque escondiste estas cosas de los sabios y entendidos, y se las revelaste a los niños. Sí, Padre, porque te complació hacerlo así.»

Todas las cosas me fueron entregadas por mi Padre; y nadie conoce quién es el Hijo sino el Padre; ni quién es el Padre, sino el Hijo, y aquel a quien el Hijo desea revelárselo.

En el caso de Jesús, el título indicaba mucho más que mesianidad. Según vemos en el pasaje citado, el Hijo es alguien que sólo es conocido por Dios Padre y el Padre sólo es conocido por el Hijo. La misma expresión *Abba* con que Jesús se dirige al Padre carece de similitudes en el judaísmo antiguo e implica una relación sin posibles paralelos históricos.[2] Este aspecto de la pretensión de Jesús de ser «el» Hijo de Dios resulta especialmente importante en la tradición histórica transmitida por el evangelio de Juan. En esta fuente, el título no se limita a tener connotaciones mesiánicas sino que indica igualdad con Dios. Un ejemplo de esto que estamos diciendo lo encontramos en el siguiente pasaje:

> Por esta causa los judíos perseguían a Jesús, y procuraban matarlo, porque hacía estas cosas en sábado. Y Jesús les respondió: «Mi Padre hasta ahora trabaja y yo trabajo.» Por esto los judíos aún más procuraban matarlo, porque no sólo quebrantaba el sábado, sino que también decía que Dios era su propio Padre, HACIÉNDOSE IGUAL A DIOS. [JUAN 5, 16-8.] (Las mayúsculas son nuestras.)

Lejos de sentirse un pecador especialmente favorecido por la gracia de Dios (como fue el caso del Maestro de Justicia), Jesús se presentaba como el Hijo, el único que conocía al Padre

---

2. A favor de la tesis de que Jesús tuvo conciencia de ser el «Hijo de Dios» de una manera específica. Véanse, entre otros: Jeremias, J., *Abba y el mensaje central del Nuevo Testamento*, Salamanca, 1983, pp. 17 ss. y 197 ss.; Jeremias, J., *Teología…*, v. I, pp. 80 ss.; Flusser, D., «El Hijo del hombre» en Toynbee, A. (ed.), *El crisol del cristianismo*, Madrid, 1988, pp. 335 y 344; Bauer, D. R., «Son of God» en DJG, pp. 769 ss.; Vidal, C., «Jesús», *Diccionario de las tres religiones*, Madrid, 1993 y en *Diccionario de Jesús y los Evangelios*, Estella, 1995.

y podía revelarlo y, a su vez, aquél al que sólo el Padre conocía realmente. La distancia, de nuevo, entre la visión que de sí mismos tenían Jesús y el Maestro de Justicia resulta abrumadora y más si tenemos en cuenta que el primero se permitió la osadía de aplicarse expresiones reservadas a la divinidad.

Una de éstas fue la de «Yo soy» *(Ego eimi)*. Pasajes como Juan 8, 24; 8, 58, etc., resultan un eco evidente del Éxodo 3, 14 donde es el mismo YHVH el que se presenta bajo ese nombre.[3] La traducción del Antiguo Testamento al griego o Septuaginta muestra igualmente abundantes ejemplos del *Ego eimi* como autorrevelación de YHVH (Isaías 45, 18; Oseas 13, 4). Naturalmente, el pasaje más importante en este sentido es el del Éxodo 3, 14 (que la LXX traduce por *Ego eimi ho on*), del que parecen derivar otros como Deuteronomio 32, 39; Isaías 43, 25; 51, 12; 52, 6, etc.). Con todo, no puede limitarse a la Septuaginta el interés por la fórmula *Ego eimi* como nombre de YHVH. Tanto I Enoc 108, 12, como Jubileos 24, 22, e incluso Filón al comentar Éxodo 3, 14, se refieren al mismo. Partiendo de este contexto, poca duda puede haber en el sentido de que la aplicación de tal título a Jesús implicaba una afirmación de su divinidad[4] y tampoco puede

3. En contra de la historicidad de la utilización del título «Yo soy» por Jesús, véase: Higgins, A. J. B., *The Historicity of the Fourth Gospel*, Londres, 1960, pp. 73 ss. En defensa del uso histórico del título por Jesús y de su correlación con la autodesignación divina del Éxodo 3, 14, véase: Zimmermann, H., «Das absolute Ich bin in der Redenweise Jesu» en *«Trierer Theologische Zeitschrift*, 69, 1960, pp. 1-20; Zimmermann, H., «Das absolute ego eimi als die neutestamentliche ffenbarungsformel», en *Biblische Zeitschrift*, 4, 1960, pp. 54-69 y 266-76 y Stauffer, E., *Jesus and His Story*, Londres, 1960, pp. 149-59. Stauffer llega a afirmar que el «Yo soy» es la «afirmación más clara de Jesús acerca de sí mismo».

4. En el mismo sentido, pero centrándose en el aspecto derásico, véase: Agustín del Agua, *El método midrásico y la exégesis del Nuevo Testamento*, Valencia, 1985, pp. 236 ss.

extrañar que sus adversarios intentaran matarlo en alguna ocasión en que lo utilizó para referirse a sí mismo (Juan 8, 57-9).

Otro título que implica que Jesús se presentaba como una hipóstasis del único Dios que también se retrotraía al Antiguo Testamento es la que se conoce con el nombre de Sabiduría. En Proverbios 8, 22 ss. este personaje es hijo amado de Dios, nacido antes que todas las criaturas y artífice de la creación. Esta figura alcanzaría posteriormente en el judaísmo trascendentalismo (Eclesiástico 1, 9 ss.; 24, 3 ss.; Sabiduría 7, 7-8, 16; 8, 3; 9, 4; 9, 10; 7, 7; 7, 27). Jesús se presentó como la Sabiduría al menos en dos ocasiones (Lucas 7, 35 y 11, 49-51) en un contexto que, en ambos casos, permite ver el rechazo de algunos de sus contemporáneos ante sus pretensiones.

Resumiendo pues, podemos ver que tanto Jesús como el Maestro de Justicia se consideraron receptores de una revelación divina, pero si en el último caso ésta había sido dirigida a un hombre pecador, en el segundo se afirmó directamente que Jesús trascendía de la simple humanidad.

Él era el Hijo de Dios, el único que podía llamar *Abba* (papá) al Dios de Israel, el único que conocía realmente al Dios-Padre y aquel que sólo podía ser comprendido cabalmente por éste. Jesús se presentó así como la encarnación de algunas de las hipóstasis de Dios de las que existen referencias en el Antiguo Testamento.

Él era la Sabiduría, era el «Yo soy» que se había aparecido a Moisés en la zarza ardiente, era el Hijo del Abba-Dios. Sus pretensiones trascendían así de las —ya considerables— de mesianidad y se adentraban en un terreno que, salvo para sus seguidores[5] que creían en él, podía ser identificado con el propio de la blasfemia.

5.   D. Flusser ha manifestado muy correctamente cómo la cristología del Nuevo Testamento, lejos de ser un producto tardío puede retro-

Conclusión

Un análisis comparativo entre la figura del Maestro de Justicia y la de Jesús nos obliga a reconocer que ambos personajes presentan perfiles espirituales y personales medularmente distintos e incluso, en buen número de casos, opuestos totalmente. La espiritualidad del Maestro de Justicia partía de la condición universal de pecado del hombre –empezando por él mismo– pero combinaba tal elemento con su propia condición de sacerdote, fuertemente apegado a una tradición religiosa concreta y a una interpretación específica de la Torá. Si alguien deseaba obtener salvación, tenía, inexcusablemente, que abandonar el culto judío centrado en Jerusalén y vivir en un Nuevo Pacto centrado en Qumrán, cumpliendo las normas específicas de la secta. Como formar de legitimación de esta óptica concreta incluso procedió a leer la Escritura buscando no el sentido de ésta, sino buscando aquellos pasajes que podían considerarse vaticinios acerca de la historia de la secta y que eran, en teoría al menos, susceptibles de arrojar luz sobre la misma.

Jesús también aceptaba el principio de pecaminosidad universal. Ciertamente para él todos los hombres eran pecadores. Con todo, afirmaba no sólo que no se hallaba incurso en esa circunstancia sino que además se presentaba a sí mismo dotado de una autoridad especial que le permitía perdonar pecados. Lejos de esperar la venida del Mesías, se anunciaba también como el Mesías, entendido él mismo según los términos de Siervo de Isaías. Convencido de ser el Hijo de Dios, en

---

traerse al propio Jesús y cómo, dadas las pretensiones del personaje, éstas sólo eran desveladas de manera total a los ya creyentes. Al respecto, véase Flusser, D., *El cristianismo, una religión judía*, Barcelona, 1995.

un sentido sin paralelos ni aproximaciones con otros seres humanos, también se consideró receptáculo de un conocimiento especial que, en su caso concreto, emanaba de que sólo él conocía al Padre igual que el Padre lo conocía a él solo. Precisamente a partir de su propia conciencia personal (mayor que Salomón, los profetas, la Ley) se manifestó enemigo de las tradiciones religiosas; dotado de una considerable libertad frente a la Torá, la reinterpretó («cumplió») profundizando, desde una perspectiva más exigente en sus preceptos. Finalmente, aunque participó en el culto del templo, consideró que sus días estaban contados a causa de su corrupción –una visión que compartieron muchos judíos de la época que ni fueron seguidores del Maestro de Justicia ni de Jesús– y que su muerte iba a inaugurar un Nuevo Pacto.

El Maestro de Justicia era un mero hombre, pecador y con una terrible conciencia de culpa y falibilidad. Su único mérito –y es dudoso que él lo considerara tal– consistía en haber sido fiel a su visión de la Torá y haberse retirado al desierto para vertebrar una comunidad en la que esperar el fin de los tiempos conforme a lo que se entendía como único cumplimiento fiel de la Torá. Jesús, por el contrario, por sus acciones y afirmaciones de autoconciencia, tenía la pretensión de sobrepasar la línea que separa claramente lo divino de lo humano. En su pensamiento, en su forma de actuar, no existió nada en absoluto que pusiera de manifiesto la más mínima influencia del Maestro de Justicia o de la secta de Qumrán y sí discrepancias de un calibre considerable. De hecho, la peculiar visión que Jesús presentaba de sí mismo obligaba a optar por dos únicas alternativas. O era el Mesías y el Hijo de Dios o un loco blasfemo de la peor especie que, como señala el Talmud, «extraviaba al pueblo» y, por ello, merecía la muerte. Cualquier otra categorización sólo equivale a negar las evidencias que sobre Jesús aparecen en las fuentes históricas.

SEGUNDA PARTE

Los discípulos

CAPÍTULO VII

La entrada en la comunidad del mar Muerto y en la comunidad de Jesús

En la primera parte del presente estudio analizamos los puntos de contacto y las diferencias fundamentales existentes entre la persona del Maestro de Justicia y de Jesús. En ninguno de los dos casos nos hallamos ante un personaje aislado en el vacío. Por el contrario, pese a la oposición que despertaron, ambos articularon a su alrededor un grupo de seguidores que aparece descrito y definido en las distintas fuentes. Este conjunto de discípulos, además, tuvo una importancia fundamental en la medida en que conservó las enseñanzas de su iniciador y, a la vez, intentó transmitirlas y vivir de acuerdo con las mismas. El análisis de ambos colectivos en toda su amplitud excede los límites del presente estudio, por eso nos limitaremos aquí al margen cronológico anterior a la muerte de Jesús. En ese período estudiaremos los puntos de contacto y las diferencias entre ambas comunidades. Para ello, tomaremos como base tres aspectos concretos: la vía de entrada en la comunidad, la composición de la misma y su organización.

La entrada en la secta del mar Muerto[1]

Como otras órdenes monásticas anteriores y posteriores históricamente, la secta del mar Muerto contaba con un sistema de entrada pormenorizado y preciso. Por regla general, estos filtros –cuya duración abarca varios años– han tendido históricamente a evitar la penetración en el colectivo de elementos que podrían perturbar la vida de la comunidad. Por otro lado, no es menos cierto que también servían de ayuda al postulante para que reflexionara sobre su auténtico llamado y la firmeza del mismo.

En el caso de los esenios de Qumrán, la fuente escrita principal con que contamos para estudiar esta cuestión es la Regla de la Comunidad (1 QS), donde se hace referencia expresa a «todos los que se presentan voluntarios para practicar los mandatos de Dios» (1 QS 1, 7). Esta referencia al término *voluntarios* constituye una característica notable por cuanto implica que, al contrario de la mayoría de los judíos que pasaban a ser tales en virtud de la circuncisión, los seguidores del Maestro de Justicia lo eran por elección propia y no por nacimiento. Se trataba, por lo tanto, de un grupo cuya entrada estaba relacionada con una conversión previa a los valores y creencias del mismo y, lógicamente, esa conversión implicaba una transmisión proselitista del mensaje. Cómo se producía ésta es algo que, en buena medida, desconocemos. Nos consta que los esenios recogían a niños huérfanos para instruirlos en sus doctrinas (algo que cuenta con paralelos asimismo en otras órdenes monásticas posteriores) y también es posible que algunas personas vagaran hasta Qumrán a la bús-

1.   Un análisis pormenorizado del tema en Vidal, C., *Los esenios y los rollos del mar Muerto*, Barcelona, 1993, pp. 115 ss.

queda de soluciones espirituales, tal y como Josefo marchó al desierto antes de convertirse en fariseo. Posiblemente, estas dos vías –adopción y visitación– fueran los únicos canales de entrada en la secta, ya que, a diferencia de otros esenios, los de Qumrán llevaban una vida de celibato estricto.

Por regla general, la entrada de un nuevo miembro en el colectivo era la conclusión de un proceso de noviciado cuya duración no era inferior a los dos años. Inicialmente, el postulante debía manifestar su decisión, sellada con un juramento, de volver a la ley de Moisés (1 QS 5, 8). Con ello, expresamente venía a reconocer que, hasta entonces, había estado extraviado y que ahora se situaba en el verdadero camino. Naturalmente, esta senda implicaba la visión qumraní específica de interpretación de la Torá (1 QS 5, 9) y la separación tajante de todos aquellos que no compartían la misma, incluso aunque se tratara de judíos que afirmaban guardar la Ley (1 QS 5, 10). La solicitud de entrada en la comunidad venía a ser un llamado para entrar a formar parte del único colectivo que era, presuntamente, fiel a los tratos de Dios con Israel, que vivía de acuerdo a los mismos y que, por lo tanto, podía confiar en salvarse.

La aceptación de la solicitud contaba con dimensiones colectivas muy claras. El postulante no sólo era interrogado por un instructor, sino que, fundamentalmente, era objeto de un examen llevado a cabo por lo que las fuentes denominan el grupo de los Muchos o Numerosos (1 QS 6, 13-6). Este término hace referencia, sin duda alguna, a la totalidad del colectivo reunido, por ejemplo, en funciones decisorias y, una vez más, cuenta con paralelos en órdenes monásticas posteriores. No sabemos con exactitud en qué consistía el examen que los Muchos realizaban pero, posiblemente, abarcaba cuestiones como la legítima pertenencia al judaísmo del postulante o la pureza de sus intenciones al solicitar unirse a las filas de los esenios qumraníes. Si el examen concluía positivamente, el postulante podía comenzar la primera fase de su iniciación, que venía a durar un año.

En este período inicial, las distancias entre el aspirante a integrarse en el conjunto de los Numerosos y éstos eran resaltadas conscientemente. Presumiblemente, compartía los oficios religiosos y las labores de trabajo cotidiano pero quedaba, con seguridad, excluido tanto de las comidas de aquéllos como de su fondo comunitario (1 QS 6, 16-7). Desde un punto de vista práctico y psicológico, este género de disposiciones contaban con un tinte de eficacia fácil de comprender. La persona aspirante a integrarse en la comunidad podía ver que ésta se le abría pero, al mismo tiempo, que entrar definitivamente en ella implicaba un privilegio y una concesión que se tardaba años en conseguir. Por otro lado, al no entregar sus bienes todavía al fondo común no se veía compelido a seguir en el colectivo por razones meramente materiales o de seguridad personal. En cualquier momento, podía marchar sin que esto implicara merma de sus posesiones. Si alguien permanecía en Qumrán era, por lo tanto, por convicción y no por interés material.

El segundo período de la prueba se iniciaba con una nueva discusión de los Numerosos en torno al postulante. A los factores que habían decidido su admisión provisional un año antes cabía ahora sumar los relacionados con la observación cotidiana del mismo durante varios meses. En caso de que la asamblea de los Muchos se pronunciara en favor del aspirante, los bienes de éste eran incorporados por el inspector al fondo común (1 QS 6, 18-20). Tal medida parece haber estado más vinculada al deseo de que el postulante se viera más cercano al final de su camino iniciático que a razones de tipo material. Esta conclusión se desprende del hecho de que, pese a ser los bienes incorporados a los de los Numerosos, no se procedía a la utilización de los mismos. Una vez más, la persona quedaba, siquiera en teoría, a salvo de la presión de unirse al colectivo de manera definitiva sólo por razones de seguridad material. Al final de este segundo año, durante el cual el postulante no podía probar la bebida de los Numerosos, tenía lugar una nueva discusión relativa a la incorporación de aquél. En este caso, la misma sí presentaba carácter decisivo ya que de ser aceptado aquél, sus bienes pasaban a integrarse en él y a él se le registraba en la Regla de su rango (1 QS 6, 20-3).

La ceremonia formal de entrada se celebraba anualmente (1 QS 2, 19) y en ella se incidía de manera especial en factores como el arrepentimiento de la vida pasada (1 QS 1, 24-2, 1), la bendición —realizada por los sacerdotes— de los miembros de la secta a los que se calificaba como «los hombres de la porción de Dios» (1 QS 2, 1-4) y la maldición de todos aquellos («todos los hombres de la porción de Belial») que no pertenecían a la misma. A estos últimos sólo les quedaba como perspectiva un horrendo panorama de juicio divino y de fuego eterno. Aún más, se deseaba incluso que Dios no los escuchara si se volvían a él, ni llegara tampoco a perdonarlos (1 QS 2, 4-9). Al finalizar la execración de los réprobos, aquellos que entraban en el colectivo pronunciaban un *amén,* con lo que se identificaban con la cosmovisión expresada. A continuación, los sacerdotes y levitas pronunciaban una advertencia final contra aquellos que habían tenido la osadía de entrar en el colectivo guiados por intenciones carentes de pureza. Se ponía así punto final al rito y concluía el mecanismo de incorporación en el grupo. Desde esos momentos, la persona compartía el alimento de los Muchos, se convertía en partícipe de los bienes colectivos y se sometía aún más de lleno a un régimen de vida construido en no poca medida por un sistema de penas y correctivos realmente riguroso. Hemos estudiado ya en otro lugar este último aspecto.[2] Basta, por lo tanto, señalar que los castigos iban desde el silencio impuesto y la reducción de las raciones de agua y comida (1 QS 6, 24-5) hasta la expulsión y, presumiblemente, la pena de muerte. Asimismo, debe hacerse hincapié en el hecho de que las conductas tipificadas como sancionables no sólo eran las referidas en la Torá, sino que incluían de manera muy especial las relacionadas con el uso del lenguaje y la disensión ideológica (1 QS 7, 18-9, 20-1, 24-7). Se trataba, sin duda, de terribles sanciones encaminadas a lograr la imposición de un control absoluto (seguramente sofocante) sobre la persona, que pasaba a ser una pieza del entramado supervisada continuamente por sus superiores y por el resto de sus compañeros. Estas circunstancias, ligadas a dispositivos ideológicos como el de la convicción de que no había posibilidad de salvación fuera del grupo, la ausencia de contacto con el mundo exterior o la insistencia en interpretar la realidad conforme a los patrones de análisis de la secta explican, siquiera en parte, que el número de abandonos debiera resultar limitado.

Tras este cuadro, forzosamente resumido, de lo que implicaba intentar entrar en la secta de Qumrán y del régimen sancionador de la vida del grupo, podemos ya realizar una comparación con el grupo de Jesús.

La entrada en el grupo de Jesús

La primera diferencia que encontramos entre el grupo de Jesús y la secta de Qumrán viene determinada por la fijación de esta última en un lugar concreto. Por usar un lenguaje posterior, los esenios del mar Muerto buscaban «huir del mundo». La so-

2. Vidal, C., *Los esenios...*, pp. 120 ss.

Vista exterior de la gruta situada en el río Qumrán, a orillas del mar Muerto, donde se hallaron los manuscritos.

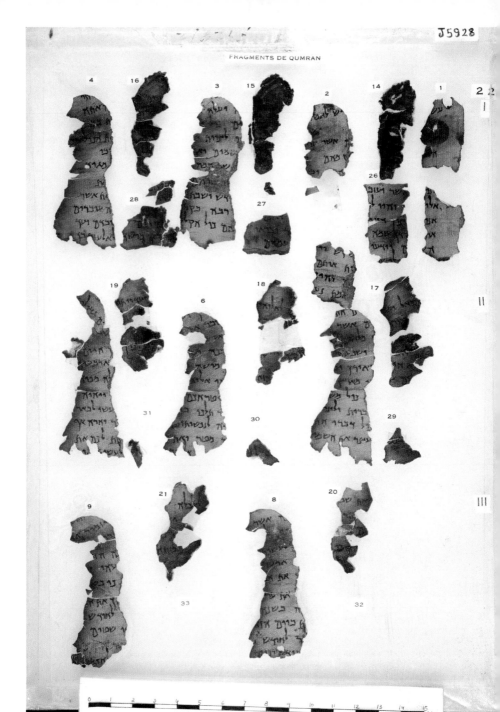

El descubrimiento en 1947 de una serie de manuscritos en las cercanías del mar Muerto constituye uno de los hitos más importantes no sólo de la historia de la arqueología contemporánea, sino también de la investigación sobre el Antiguo Oriente, así como de la relacionada con el judaísmo primitivo y los orígenes del cristianismo.

A diferencia de lo sucedido con el Maestro de Justicia, al que sólo conocemos por las noticias contenidas en los Documentos del mar Muerto, en el caso de Jesús contamos con datos procedentes de distintas y variadas fuentes. Los Evangelios presentan un retrato coherente de Jesús y nos proporcionan un número considerable de datos que permiten trazar las líneas maestras, históricamente hablando, de su enseñanza y vida pública. (La multiplicación de los panes y los peces, *obra de Francisco de Goya, Museo Histórico Municipal de Cádiz.*)

La Torá enseñaba que no se podía matar (Éxodo 20, 13; Deuteronomio 5, 17), pero Jesús insistió en el hecho de que el enojo o el insulto eran asimismo dignos del infierno y que, por ello, la reconciliación con el prójimo estaba antes que el cumplimiento de los preceptos rituales (Mateo 5, 22-26) También prohibía el adulterio (Éxodo 20, 14; Deuteronomio 5, 18), pero Jesús enseñó que el que codiciaba a una mujer ya había cometido realmente adulterio (Mateo 5, 27-30). *(La Torá, sinagoga de Jerusalén.)*

Los esenios de Qumrán creían firmemente en que Dios ejecutaría un juicio al final de los tiempos
(1 QH 6, 29), lo que el pesher de Habacuc llama «el día del juicio» (12, 14). El juicio divino significaría,
por un lado, el final eterno del mal y, por el otro, la revelación de la justicia de Dios ante toda la creación
(1 QH 14, 15-6). *(El juicio final, obra de Marcello Venusti.)*

Al igual que vemos en el Talmud, Jesús creía que la Guehenna era un lugar de suplicio consciente y eterno y que, precisamente por ello, cualquier pérdida material en esta vida resultaba más tolerable que el ser arrojado a la misma (Mateo 18, 8; Marcos 9, 47-48). Al igual que los esenios, creía también que a este lugar de condenación serían arrojados no sólo seres humanos sino también los demonios que se habían rebelado contra Dios (Mateo 25), y que los grados de castigo variarían según la perversidad de los pecados (Mateo 11, 22; Marcos 12, 40; Lucas 20, 47). *(El juicio final, detalle del infierno y Belcebú en el retablo del convento de San Marcos, Florencia, obra de Fra Angélico.)*

Mientras que lo más seguro es que el Maestro de Justicia acabara sus días en tranquilidad en Qumrán, el caso de Jesús fue muy distinto. El fallecimiento del primero no fue dotado ni por él ni por sus seguidores de ningún contenido teológico específico, salvo el de justo fiel al que, injustamente, se ha perseguido. El Maestro de Justicia murió, seguramente fue llorado y sus discípulos quedaron a la espera de la llegada de los dos mesías. El caso de Jesús fue radicalmente distinto. Desde luego, vio su muerte como una parte del plan de Dios. (*«La crucifixión», escena de la tabla de la* Maestá, *obra de Duccio di Buoninsegna, Museo de la Ópera del Duomo, Siena.*)

El acercamiento al templo de Jerusalén que vemos en el Maestro de Justicia y en Jesús es totalmente distinto. Para el primero, éste no era ya sino un lugar reprobado por Dios, que había sido sustituido, además, por la comunidad de Qumrán. La visión de Jesús resultó mucho más matizada. Para empezar, no se opuso a participar en el culto del templo. *(Maqueta del templo de Jerusalén.)*

a entrada y permanencia en el seno de la secta del mar Muerto implicaba una huida del mundo
ara vivir en el desierto de Judea, en la comunidad monástica de Qumrán, cerca del mar Muerto.
or el contrario, el grupo articulado en torno a Jesús se caracterizaba por la negación
e la huida del mundo. (*El sermón del monte, obra de Fra Angélico, convento de San Marcos, Florencia.*)

La entrada en la secta del mar Muerto y en el grupo de discípulos de Jesús era muy distinta. También parece haber existido una clara diferenciación en lo que a composición social de ambos colectivos se refiere. La mujer estaba excluida de la comunidad de Qumrán de una manera que casi podríamos considerar absoluta. Sin embargo, algunas mujeres servían a Jesús, como María Magdalena, Juana, la mujer de Juza (el intendente de Herodes), Susana y otras muchas. *(Detalle de* María Magdalena, *obra de Piero di Cosimo, Palacio Barberini, Roma.)*

diferencia de los esenios de Qumrán, Jesús no consideró la enfermedad como algo impuro e incluso zo hincapié en predicar el mensaje a personas que padecieran algún tipo de sufrimiento físico ucas 14, 13). *(Escultura en relieve del pasaje de Jesús curando a un ciego.)*

Otro punto de comparación entre los seguidores del Maestro de Justicia y Jesús se encuentra
en el ámbito de los baños y comidas rituales. En relación con lo primero, resulta obvio que en Qumrán
nos encontramos con la práctica de una serie de baños rituales de carácter repetitivo.
La misma idea de un bautismo inicial como rito de inicio de una nueva vida espiritual
no parece haber sido la práctica habitual en vida de Jesús. (*El bautismo de Cristo, obra de Piero della
Francesca, National Gallery, Londres.*)

n cuanto a la comida en la que se compartía el pan y el vino, una vez más, las presuntas coincidencias
ntre el grupo de Jesús y los sectarios de Qumrán parecen estar referidas más a la forma que al fondo.
n la comida ritual qumraní resultaba obligatoria la presencia de un sacerdote pronunciando la bendición.
l contexto del rito realizado por Jesús no fue una ceremonia específica de su comunidad, sino la Pascua
ıdía celebrada la noche en que fue prendido. *(Detalle de la Santa Cena, fresco de Andrea del Sarto,
`enacolo di San Salvi, Florencia.)*

La resurrección de Jesús. La primera reacción de los discípulos al escuchar que Jesús había resucitado fue de completa incredulidad (Lucas 24, 11). Sin embargo, Pedro, que lo había negado repetidamente la noche del prendimiento, quedó convencido de la resurrección de Jesús tras visitar el sepulcro y encontrarlo vacío (Lucas 24, 12; Juan 20, 1 ss.). *(La transfiguración, obra de Giovanni Girolamo Savoldo, Galleria degli Uffizi, Florencia.)*

El número de apóstoles fue fijado por Jesús en doce precisamente porque juzgarían a las doce tribus (Mateo 19, 28; Lucas 22, 30). Tal idea no parece que existiera en Qumrán, aunque es posible que en el caso concreto de la secta del mar Muerto el número derivara de la convicción de los seguidores del Maestro de Justicia de constituir el Israel verdadero. (El tributo de la moneda, *obra de Tommaso Masaccio, Santa Maria del Carmine, Florencia.*)

Cuando Jesús entró en Jerusalén durante la última semana de su vida ya tenía frente a él la oposición de un amplio sector de las autoridades religiosas judías, que consideraban su muerte como una salida aceptable e incluso deseable. *(Vista general de Jerusalén.)*

ciedad que conocían era radicalmente perversa y lo mejor que podía hacerse en relación con la misma, desde su punto de vista, era abandonarla. En esto coincidían, en términos generales, con otros grupos monásticos anteriores y posteriores. Sin embargo, diferían medularmente del grupo de Jesús.

El cuarto evangelista ha recogido unas palabras de Jesús en las que éste ruega a su Padre que no saque del mundo a sus discípulos, pese a que la escala de valores de ambas esferas es muy diferente:

> No ruego que los quites del mundo, sino que los guardes del mal. [JUAN 17, 15.]

En otras palabras, Jesús creía que se podía vivir en el mundo y no participar del mal, aunque esto no necesariamente resultara una tarea fácil y, a la vez, era muy consciente de que la huida del mundo no implicaba verse libre de la iniquidad, siquiera porque la impureza procede más del corazón del hombre que de las circunstancias externas al mismo (Marcos 7, 14 ss.).

De hecho, como ya señalamos en la primera parte, Jesús no parece haber tenido ningún tipo de problemas a la hora de establecer contacto con personas que vivían en este mundo y que incluso llevaban una vida que podía calificarse de todo menos de santa. Las fuentes son bien explícitas al respecto y podemos mencionar algunos pasajes a título de muestra que nos indican la reacción, nada positiva, que algunos de sus contemporáneos experimentaron frente a esta conducta:

> Vino el Hijo del hombre, que come y bebe, y decís: «Éste es un hombre comilón y bebedor de vino, amigo de publicanos y pecadores.» Mas la sabiduría es justificada por todos sus hijos. [LUCAS 7, 34-5.]

Entonces ellos le dijeron: «¿Por qué los discípulos de Juan ayunan muchas veces y hacen oraciones, y asimismo los de los fariseos, pero los tuyos comen y beben?» Él les dijo: «¿Podéis acaso hacer que los que están de bodas ayunen, entre tanto que el esposo está con ellos?» [LUCAS 5, 33-4.]

Se juntaron los fariseos y algunos escribas que habían venido de Jerusalén con Jesús, y viendo que algunos de los discípulos de Jesús comían con manos inmundas, es decir, sin lavar, los condenaban. Porque los fariseos y todos los judíos, aferrándose a la tradición de los ancianos, no comen sin lavarse las manos antes muchas veces... Le preguntaron, por lo tanto, los fariseos y los escribas: «¿Por qué tus discípulos no caminan según la tradición de los ancianos, sino que comen con manos impuras?» En respuesta él les dijo: «Hipócritas, bien profetizó de vosotros Isaías, según está escrito: este pueblo me honra con los labios, pero su corazón está lejos de mí. En vano me honran porque enseñan como doctrinas mandamientos de hombres.»

Porque, abandonando el mandamiento de Dios, os aferráis a la tradición de los hombres: los lavamientos de los jarros y de los vasos de beber; y hacéis otras muchas cosas parecidas... Y llamando a toda la multitud les dijo: «Oídme todos y comprended: no hay nada exterior al hombre que entre en él que lo pueda contaminar; pero lo que sale de él sí que contamina al hombre. Si alguno tiene oídos para oír que oiga.» Cuando se apartó de la multitud y entró en casa, le preguntaron sus discípulos sobre la parábola y él les dijo: «¿Tampoco vosotros lo entendéis? ¿No comprendéis que todo lo que entra en el hombre desde fuera no puede contaminarlo, porque no entra en su corazón, sino en el vientre y luego es expulsado en la letrina?» Esto decía haciendo limpios todos los alimentos. Decía también: «Lo que del hombre sale, eso es lo que contamina al hombre, porque de su interior, del corazón humano, salen los malos pensamientos, los adulterios, las fornicaciones, los homicidios, los hurtos, las avaricias, las maldades, el engaño, la lascivia, la envidia, la maledicencia, la soberbia, la insensatez. Todas estas maldades salen del interior y contaminan al hombre.» [MARCOS 7, 1-23.]

En los tres pasajes citados quedan de manifiesto varias actitudes fundamentales de Jesús que tenían su reflejo en la vida del grupo de sus discípulos. En primer lugar, Jesús no veía nada malo en «el mundo» como tal. Si acaso la mala situación del mismo le inspiraba compasión como la que se siente al ver «ovejas sin pastor» (Mateo 9, 36). Por otro lado, no veía nada específicamente bueno en el abandono del mismo. De hecho, según aparece en los Evangelios, era frecuente, por el contrario, encontrarlo en comidas y fiestas. Esto causaba escándalo entre la denominada gente piadosa (¡pensemos cuál hubiera sido la reacción de los sectarios de Qumrán!) pero a él personalmente no le hizo cambiar de actitud. Si había que buscar el mal, éste se hallaba en otro sitio.

En segundo lugar, y también a diferencia de muchos de los que se han proclamado seguidores suyos en los últimos diecinueve siglos, Jesús no creía en los ascetismos ni en que la santidad estuviera vinculada a ser abstemio o vegetariano o a practicar ayunos continuados. Entre sus discípulos no se practicaba el ayuno —a diferencia de lo que sucedía en otros grupos judíos de la época— entre otras cosas porque se vivía en un ambiente de alegría y ésta, dígase lo que se quiera, es poco compatible con la escasez y el hambre o las privaciones. Tampoco existía ninguna prohibición de tomar alcohol o disfrutar de la comida. Ciertamente aquello parece haberle convertido en blanco de críticas procedentes de personas sumamente religiosas, sin embargo, Jesús parece haber interpretado (y lamentado) tal actitud como si de una mera excusa para no escucharle se tratara.

Finalmente, Jesús –a diferencia de los sectarios de Qumrán que sostenían la existencia de un «alimento puro» con cuya exclusión castigaban a los sancionados– no creía en una división de alimentos puros e impuros y menos en el hecho de que éstos pudieran santificarse mediante su sometimiento a un complicado ritual. Si alguien pensaba que ciertos alimentos santificaban y otros manchaban lo único que estaba haciendo era sustituir la fe en Dios por el fanático aferrarse a tradiciones humanas. Lo malo que había dentro del hombre no entraba por la boca –eso siempre acaba siendo expulsado con los excrementos– sino a través del corazón. Por ello, al medir la santidad por la dieta sólo se acababa cayendo en una hipocresía que consistía en honrar a Dios con los labios pero en negarlo con los hechos. Lejos, pues, de asemejarse el grupo de Jesús a los esenios de Qumrán, era incluso demasiado laxo para los puntos de vista de escribas y fariseos.

Otra diferencia esencial entre el colectivo qumraní y el formado por los seguidores de Jesús la constituía el hecho de que en éste no existía un proceso ritual específico de prueba y entrada. Un ejemplo de esta visión podemos verlo en el relato del llamado de Leví para ser discípulo de Jesús:

> Después de estas cosas salió, y vio un publicano llamado Leví, sentado al banco de los impuestos públicos, y le dijo: Sígueme. Y aquél, dejándolo todo, se levantó y lo siguió. Y Leví hizo un gran banquete en su casa; y había un gran número de publicanos y de otros que estaban con ellos a la mesa. Y los escribas y fariseos murmuraban contra los discípulos, diciendo: ¿Por qué coméis y bebéis con publicanos y pecadores? Respondiendo Jesús, les dijo: «Los que están sanos no necesitan médico, sino los enfermos. No he venido a llamar al arrepentimiento a los justos, sino a los pecadores.» [LUCAS 5, 27-32.]

El pasaje constituye todo un ejemplo de la actitud de Jesús. Éste se encontró con un tal Leví –al que, presumiblemente, conocía con anterioridad– y le pidió que le siguiera. No hubo período de prueba, ni examen por parte del capítulo de una orden monástica ni sometimiento a un complicado ritual. Tampoco para Leví aquello significó abandonar el mundo. Por el contrario, el texto nos dice que celebró una fiesta y que invitó a la misma a personajes de dudosa reputación. Con gente de semejante ralea, jamás hubieran comido los sectarios de Qumrán e incluso judíos mucho más abiertos que éstos, como los escribas y fariseos, no pudieron evitar encontrar el hecho digno de censura. La respuesta de Jesús, empero, no podía dejar lugar a dudas. Él había venido a llamar a los que necesitaban cambiar de vida y para eso tenía que acudir a donde se encontraban.

A diferencia de los fariseos, que seguían viviendo en la sociedad, pero que se separaban de sus componentes, complacidos en lo que ellos consideraban que era su santidad especial, o en contra de la actitud de los sectarios de Qumrán que abandonaban el mundo para esperar, en medio de un grupo selecto, el final de los tiempos, Jesús venía a proclamar a las gentes que había una posibilidad de cambiar sus vidas para mejor independientemente del lugar en que se encontraran. No cayó por ello en la ingenuidad acerca de la naturaleza humana en que han incurrido movimientos posteriores ni tampoco optó por disculpar lo que era malo, atribuyéndolo a factores externos al individuo. Tales actitudes hubieran equivalido, en realidad, a negar la existencia de una enfermedad, que atacaba en primer lugar a los que la padecían. Los destinatarios de su mensaje eran pecadores, pero para ellos existía una posibilidad de remontar la situación. Eso era algo que no podían entender los que –siendo, en realidad, injustos– pensaban que los únicos justos eran ellos.

Este punto de vista explica también el hecho de que Jesús criticara explícitamente el mandato de odiar a los enemigos, cuyo paralelo hemos visto en la ceremonia de entrada en la secta de Qumrán. Un pasaje del Sermón del Monte ha recogido precisamente una referencia específica a este aspecto concreto:

> Oísteis que fue dicho: amarás a tu prójimo y aborrecerás a tu enemigo. Pero yo os digo: amad a vuestros enemigos, bendecid a los que os maldicen, haced bien a los que os aborrecen y orad por los que os ultrajan y persiguen; para que seáis hijos de vuestro Padre que está en los cielos, que hace salir su sol sobre malos y buenos y que hace llover sobre justos e injustos. Porque si amáis a los que os aman, ¿qué recompensa tendréis? ¿No hacen también eso los publicanos? Y si saludáis a vuestros hermanos solamente, ¿qué hacéis de más? ¿No hacen eso mismo los no judíos? Sed, pues, vosotros perfectos, como vuestro Padre que está en los cielos es perfecto. [MATEO 5, 43-8.]

Históricamente, el pasaje precedente ha podido leerse en un tono almibarado y blando. En realidad, registra en su seno una terrible acidez. Los esenios de Qumrán –y no sólo ellos– se consideraban mejores que los demás judíos. De hecho, constituían, a su juicio, el verdadero Israel y el pueblo del Nuevo Pacto. Llevados de ese orgullo interno, en su fiesta anual, cuando recibían a los nuevos miembros en el seno de la comunidad, se permitían bendecir a los miembros del colectivo y maldecir a los que no pertenecían a éste. Aún más, los que entraban a formar parte de la secta se suponía que deseaban orientar su vida en el amor a los otros monjes y el odio a los que no lo eran, como ya tuvimos ocasión de ver antes.

Sobre este trasfondo, las palabras de Jesús debieron de sonar como un trallazo. Amar a los que lo aman a uno era una conducta que también practicaban los publicanos que colaboraban con Roma cobrando impuestos a la nación de Israel. Saludar sólo a los seres cercanos lo hacían igualmente los paganos, los no judíos. En otras palabras, personajes con un enfoque del prójimo similar al de los esenios de Qumrán podían estar pensando que su comportamiento era el del único Israel verdadero. Sin embargo, lo característico de su conducta era algo que podía verse igualmente en la vida tanto de los apóstatas publicanos como de los paganos. Pensando ser santos, en realidad eran tan pecadores (quizá en el fondo más) que los no judíos o los desertores de la comunidad de Israel. ¿De qué les servía entonces marcharse al desierto? ¿Cuál era la utilidad de huir del mundo? ¿Acaso por vivir en un monasterio su conducta se parecía más a la de Dios? Según la enseñanza de Jesús sucedía todo lo contrario.

Partiendo de este trasfondo, no resulta extraño que las medidas de orden interno dentro del grupo de Jesús fueran muy distintas de las de Qumrán. La única que conocemos es la represión fraterna que, inicialmente, buscaba la reconciliación entre dos miembros del colectivo (Mateo 18, 15-8), ocasionalmente con la mediación de un tercero y que, en casos extremos, podía implicar, al parecer, la expulsión si una de las personas se negaba a cambiar de actitud. El silencio impuesto de los miembros o la idea de una sanción de años resultaban simplemente inconcebibles cuando examinamos episodios como los contenidos en Mateo 16, 21-3 (en que Pedro se permitió discutir la visión mesiánica de Jesús) o en Mateo 20, 24 (en que los discípulos contendían abiertamente).

Para Jesús, obviamente, lo importante no era ni huir del mundo, ni formar parte de un colectivo diferenciado, ni creerse justo, ni odiar a los pecadores, ni seguir unas normas dietéticas. Esas conductas y otras similares sólo servían, al fin y a la postre, para crear una sensación de autojustificación frente a Dios que, por lo demás, únicamente tenía como resultado el ocultar la realidad de la condición humana. Desde el punto de vista de Jesús, toda la humanidad estaba enferma y era pecadora, aunque en algunos casos la religiosidad maquillara de santurronería el pecado, al igual que la cal blanquea los sepulcros llenos de podredumbre (Mateo 23, 27-8). Pero la conducta apropiada frente a esa realidad no era el autoengaño —no de otra manera parece haber contemplado Jesús a fariseos o esenios— ni la negación de la responsabilidad moral. La conducta apropiada era cambiar de vida y seguir a Jesús, a una persona concreta y no a una institución. Como señala Jesús en el cuarto evangelio, «el que oye mi palabra y cree al que me envió tiene vida eterna; y no vendrá a condenación, mas ha pasado de muerte a vida» (Juan 5, 24).

La entrada y permanencia en el seno de la secta del mar Muerto implicaba una huida del mundo para vivir en el desierto de Judea, en la comunidad monástica de Qumrán, cerca del mar Muerto. La integración plena sólo se producía tras la sumisión a un período de prueba distribuido en dos fases de un año cada una. Una vez dentro del colectivo, el nuevo miembro se veía inserto en el ámbito jurídico de un código de penas que regulaba el funcionamiento interno de la secta y que llegaba hasta la expulsión e incluso la aplicación de la pena de muerte. Este rigor debía de quedar en no poca medida paliado por la conciencia de pertenecer a un grupo superior espiritualmente que concedía su amor a sus miembros, a la vez que odiaba y maldecía a los que no formaban parte de él.

Por el contrario, el grupo articulado en torno a Jesús se caracterizaba por la negación de la huida del mundo. De hecho, se rechazaba incluso el rigurismo de aquellos que se aislaban en el interior del colectivo donde vivían, como era el caso de los fariseos. En el mismo tampoco encontramos la existencia de un período de prueba para entrar a formar parte de la comunidad y, asimismo, están ausentes las normas ascéticas y el código de sanciones que conocemos en Qumrán. Por el contrario, se repudiaba la práctica del ayuno, del rechazo del alcohol, del ascetismo y de la separación en alimentos puros e impuros. Además, la disciplina se circunscribía a la reprensión fraterna.

Sus miembros, lejos de considerarse una élite espiritual, eran conscientes de no ser superiores moralmente a otros. Desde la óptica del colectivo, todos los seres humanos eran pecadores y, por lo tanto, necesitaban la medicina que proporcionaba el médico que es Jesús. Su pecado era buena muestra de que necesitaban cambiar de vida. Por ello, no se podía amar a los miembros del grupo y odiar a los que no formaban parte de él. Tal comportamiento lo podría seguir cualquier incrédulo o pagano. Sin embargo, los que se habían vuelto a Dios, habían recibido su amor y ahora eran sus hijos, debían amar incluso a sus enemigos. Sólo así podrían demostrar que eran hijos de su Padre celestial que, en palabras de Jesús «hace salir su sol sobre malos y buenos, y que hace llover sobre justos e injustos» (Mateo 5, 45).

CAPÍTULO VIII

Los componentes de la comunidad del mar Muerto y de la comunidad de Jesús

Si, tal y como vimos en el capítulo anterior, la vía de entrada en la secta del mar Muerto y en el grupo de discípulos de Jesús era muy distinta, también parece haber existido una clara diferenciación en lo que a composición social de ambos colectivos se refiere. En las páginas siguientes, intentaremos trazar, siquiera esquemáticamente, un cuadro aproximado de las personas que se sintieron atraídas por la idea de pertenecer al grupo estructurado por el Maestro de Justicia y al vertebrado en torno a Jesús.

Los miembros de la comunidad del mar Muerto

Como ya tuvimos ocasión de ver, la incorporación a la comunidad del mar Muerto exigía un riguroso período de prueba, una de cuyas finalidades era actuar como filtro a través del cual algunos de los candidatos quedaran excluidos. ¿Qué tipo de personas eran aquellas que podían optar al postulantado para entrar en el grupo originalmente dirigido por el Maestro de Justicia? Inicialmente, hay que hacer referencia al hecho de que sólo podían ser judíos. Los no judíos, los gentiles, los *goyim*, no tenían la menor probabilidad de formar parte de la única comunidad de salvación. Los documentos hallados en

Qumrán difícilmente pueden ser más explícitos en cuanto a esta cuestión. Al hacer referencia al nacimiento de la comunidad, el Documento de Damasco señala taxativamente que sus miembros pertenecían a Israel y Aarón.

Sin embargo, tampoco cualquier judío podía entrar en la comunidad del mar Muerto. Para empezar, la mujer estaba excluida de la comunidad de Qumrán de una manera que casi podríamos considerar absoluta. Sabemos que los miembros de la comunidad renunciaban a la vida matrimonial (a diferencia de otros esenios menos estrictos) y que vivían en una situación de celibato perpetuo, al estilo de otras comunidades monásticas de otras épocas y religiones. Los datos reflejados al respecto en otras fuentes históricas no dejan lugar a dudas. Plinio[1] afirmó de los esenios qumraníes que «viven sin mujeres –porque han renunciado a toda vida sexual...»; Filón en la *Hipotética* también indicó cómo practicaban el celibato, ya que las esposas y los hijos distraían la atención del hombre, y los datos contenidos en Josefo confirman igualmente la noticia de que no contraían matrimonio.[2]

Excluidos los gentiles y las mujeres, ni siquiera cualquier varón judío contaba con posibilidades de entrar en el colectivo. El carácter de signo sacerdotal que daba aliento al colectivo qumraní le llevaba a excluir de su seno a aquellos que, según la legislación mosaica, padecían algún tipo de tara física (Levítico 21, 18 ss.). Ciegos, tuertos, cojos, mutilados, jorobados, enanos, personas impedidas en sus miembros o aquellos que padecían defectos en los testículos eran sólo algunos de los que no podían entrar a formar parte de la congregación de seguidores del Maestro de Justicia.

---

1. *Historia natural* 5, 73.
2. Los textos sobre los esenios aparecen traducidos en Vidal, C., *Los esenios...*, pp. 217 ss.

Los adeptos de la comunidad debieron de ser captados inicialmente de entre los mismos esenios. Éstos[3] eran, posiblemente, la matriz de la que procedió la comunidad del mar Muerto. Como ha sucedido con otros movimientos religiosos, no pudieron librarse los esenios de miembros que encontraran al colectivo demasiado tibio en alguna de sus posturas y que ansiaran una línea más radical. Para algunos debió de resultar excesivamente abierta la manera en que los otros esenios juzgaban la realidad espiritual de Israel y encontrar más sugestiva la interpretación de Qumrán.

De la misma manera, parece obvio que Qumrán se nutrió de sacerdotes desilusionados por la evolución seguida por el culto del templo de Jerusalén. El hecho de que una comunidad célibe pudiera mantener un número continuado de sacerdotes sólo puede explicarse, a nuestro juicio, mediante una ininterrumpida captación de los mismos. Recordemos que el sacerdocio se transmitía sanguíneamente y no mediante una elección voluntaria de forma de vida. Uno de los documentos del mar Muerto conocido como la carta 4 QMMT indica, desde luego, el desgajamiento del Maestro de Justicia y sus seguidores de un contexto sacerdotal.[4]

Junto a estas dos fuentes de miembros, la comunidad de Qumrán pudo también recibir personas que habían sido atraídas por la *halajah* o interpretación práctica de la Torá practicada por el colectivo. Aquéllas no se sentían identificadas ni con fariseos ni con saduceos (ni con el grupo más amplio de los esenios) sino que su deseo de cumplir meticulosamente con las exigencias de la Torá las había empujado a

3. Vidal, C., *Los esenios...*, pp. 79 ss. y Vidal, C., *Los documentos...* pp. 77 ss.

4. Sobre la carta 4 QMMT, véase: Vidal, C., *Los documentos...* pp. 107 ss. He traducido el texto completo de la carta en *La verdad sobre los documentos del mar Muerto*, Madrid, 1995, pp. 117-25.

integrarse en un grupo donde la misma era estudiada, interpretada y obedecida de una manera específica.

En cualquiera de los casos, lo que resulta innegable es que, una vez que la persona había entrado en el colectivo e incluso durante el período de prueba, su estado social o económico anterior cesaba y recibía uno nuevo ya homogeneizado con el resto de sus compañeros de Qumrán. Abandonaba totalmente su vida anterior y se convertía en un nuevo miembro del grupo. Una vez más, podemos ver que el paralelo con otras órdenes monásticas anteriores y posteriores resulta evidente.

Teniendo en cuenta este sustrato, no debería extrañarnos que el carácter sólidamente exclusivista de los componentes del grupo aparezca en los documentos del mar Muerto de manera repetida. Recordemos cómo en la ceremonia de entrada no sólo se adoptaba un compromiso de amar a los compañeros sino también de odiar a los que se encontraban fuera de la comunidad.

A diferencia de esta visión, y como tendremos ocasión de comprobar, los componentes del grupo de Jesús pertenecían a un área de extracción mucho más amplia y, en términos generales, las fuentes señalan que no parecen haberse visto obligados a romper amarras con su anterior situación social.

La comunidad de Jesús

A diferencia de la comunidad de Qumrán, el grupo reunido en torno a Jesús se hallaba inserto en medio de la sociedad de su época y no confinado a un enclave geográfico concreto. Precisamente por ello, resulta incomprensible el mismo sin hacer una referencia mínima a la composición de la sociedad coetánea. En las páginas siguientes, por lo tanto, articularemos las referencias a los seguidores de Jesús de acuerdo con la estratificación social del período.

I. Jesús y las clases altas

La vida de Jesús queda incardinada en un período histórico en que el panorama de las clases altas era relativamente diversificado.[5] En el primer lugar de la pirámide social habría que situar a las diversas cortes (la herodiana y las menores),[6] cuyo grado de derroche resultaba imposible de mantener ni recurriendo a continuas subidas de impuestos.[7]

A continuación de la corte, se hallaba un segmento social que podíamos denominar la clase de los ricos, integrada principalmente por los importantes hombres de negocios, los rentistas, los grandes recaudadores de impuestos y los terratenientes, cuyas posesiones agrícolas, no pocas veces padecían su absentismo.[8] Una existencia de diversión y francachela caracterizaba a este sector social, cuyas mujeres eran especialmente famosas por su carácter dilapidador.[9]

De entre todos los miembros de este sector social, posiblemente el más despreciado fuera el de los grandes recaudadores de impuestos. Ninguna cultura ha contemplado con simpatía jamás a los cobradores de impuestos y nuestra época no resulta una excepción a esa tónica. No obstante, el odio

5. Para un estudio detallado sobre las clases, véase: Vidal, C., *El documento Q*, Barcelona, 2005, y *El judeo-cristianismo palestino en el siglo I: de Pentecostés a Jamnia*, Madrid, 1994.

6. Desde 12 a. J.C., las de los príncipes reales Alejandro, Aristóbulo, Antípater y Feroras, el hermano de Herodes (Guerra Jud, I, 23, 5).

7. Al respecto véase Jeremías, J., *Jerusalén en tiempos de Jesús*, Madrid, 1985, pp. 106 ss.

8. Un ejemplo de este tipo lo constituiría Ptolomeo, el ministro de finanzas de Herodes (Ant. XVII, 10, 9).

9. Para referencias en la literatura rabínica a la manera de vida de esta clase y a las cantidades gastadas por las mujeres en gastos suntuarios, véase: Lam. R. sobre 4, 2; Ket 66b; Yoma 39b; Yoma 25; Shab 6, 5, etc.

que el pueblo llano de Israel guardaba contra los recaudadores de impuestos o publicanos puede encontrar pocos paralelos. Por regla general, el cargo se arrendaba y el publicano obtenía de sus cobros no sólo el montante de impuestos que debía entregar a su superior, sino también su beneficio. No resultaba raro que el publicano se enriqueciera con sus exacciones, ya que su conducta parece haber sido no pocas veces arbitraria. Por si todo lo anterior fuera poco, estaba conectada además con el colaboracionismo con Roma. Traidor, violento y ladrón serían sólo algunos de los calificativos de esta ocupación que vino a simbolizar un pecado rebelde e irredimible. Con esos antecedentes podemos comprender el escándalo que provocaba el ver a Jesús compartiendo la mesa con este tipo de personas.

Pero, pese a todo, posiblemente la conducta más censurable dentro de las clases altas no se diera en los colaboracionistas financieros de Roma, sino en su principal valedor político, la nobleza sacerdotal. Como sucedería con algunos prelados de otras épocas y religiones, el mismo oficio de sumo sacerdote iba vinculado a la posesión de fortunas considerables. Tal circunstancia, prescindiendo de su valoración moral, no es extraña. En no pocas ocasiones, y aquí el paralelo con ciertas sedes episcopales en la Edad Media resulta obvio, el puesto iba a parar al mejor postor.[10] No puede sorprender que su corrupción se convirtiera en punto menos que proverbial. En el despliegue de la misma, resultó objetivo privilegiado el tesoro del templo, cuyo cargo de administrador fue objeto del más desvergonzado nepotismo.[11] Por si fuera poco, el mismo sistema sacrificial judío –base de su visión de la expiación de los pecados obtenida por el hombre ante Dios– se había visto afectado por esta clase social. Dado que la Torá exigía que los animales ofrecidos a

10. Macabeos 4, 7-10, 24, 32; Yeb 61 a.
11. Pes 57a bar; Tos Men 13, 21.

YHVH no padecieran ningún defecto ni tacha (Deuteronomio 17, 1), los sacerdotes tendían a rechazar los llevados por el pueblo llano al templo alegando su carácter inaceptable. Ante el temor de que eso sucediera con su ofrenda, finalmente, el judío de a pie acababa por comprar el animal concreto en el templo, por supuesto a un precio que resultaba considerablemente superior al normal. Tal conducta no sólo resultaba un claro latrocinio con excusas religiosas, sino que además tenía una consecuencia espiritual de no poca envergadura. El área del templo que terminaba ocupada por los vendedores era la que, teóricamente, debía estar destinada a permitir que los no judíos adoraran a YHVH. En pocas palabras, los judíos eran estafados y los no judíos eran excluidos del culto que les era permitido, algo nada extraño si tenemos en cuenta las manifestaciones de fuerza bruta[12] y extorsión[13] propias de la nobleza sacerdotal de las que nos hablan las propias fuentes judías.

El episodio de Jesús expulsando a los mercaderes del templo sólo puede entenderse con este trasfondo y, por ello, conectarlo, como se ha hecho ocasionalmente, con un supuesto alzamiento armado del maestro galileo resulta, cuando menos, ridículo. La acción de Jesús (Mateo 21, 12-7; Marcos 11, 15-9; Lucas 19, 45-8) en realidad simbolizaba el anuncio de que el templo iba a ser destruido por Dios como castigo a su corrupción. Tan terrible acusación se basaba en que, desde el punto de vista de Jesús, allí se estaban violando dos principios básicos relacionados con el templo de Jerusalén. El primero era que, como ya había indicado el profeta Isaías (56, 7), el templo debía ser «casa de oración para todas las naciones», pero tal posibilidad quedaba abortada por el hecho de que las palomas y el ganado con el que se lucraban algunos sacerdotes

12. Pes 57a bar.
13. Ant. XX, 8, 8.

ocupaban el lugar de oración de los no judíos. El segundo consistía en que, como también había señalado en su tiempo el profeta Jeremías (7, 11), aquel recinto ya no era santo porque se había convertido en «cueva de ladrones».

A pesar de todo, Jesús tuvo algunos seguidores en este sector social. Conocemos incluso los nombres de algunos de ellos: Nicodemo (¿el Nakdemón del Talmud?) (Juan 3, 1-15) que intentó impedir que las autoridades judías adoptaran decisiones contrarias a Jesús (Juan 7, 50) y ayudó a su sepultura (Juan 19, 39); el *eysjemon* José de Arimatea (Marcos 15, 43),[14] «hombre rico» y «discípulo de Jesús» (Mateo 27, 57), que donó un panteón familiar excavado en la roca para que en él fuera depositado el cadáver de Jesús (Juan 19, 41; 20, 15); Zaqueo, un jefe de publicanos (Lucas 19, 2ss.), que residía en Jericó, cuya amistad con Jesús le ocasionó serias críticas (Lucas 19, 5) que, al convertirse, entregó la mitad de sus bienes a los pobres (Lucas 19, 8) y algunas de las mujeres que ayudaban económicamente a Jesús y de las que una era esposa de Juza, el intendente de Herodes (Lucas 8, 1 ss.).

La existencia de discípulos acomodados entre el número de seguidores de Jesús debería ser menos sorprendente de lo que pueda pensarse a primera vista. Ciertamente, Jesús vio un peligro en que el ser humano deseara servir al dinero y a Dios al mismo tiempo y de la misma manera (Mateo 6, 24). Tal posibilidad era implanteable porque «nadie puede servir a dos señores». Pero no limitó tal actitud a los ricos ni, a semejanza de los esenios de Qumrán, señaló que el antídoto contra la misma fuera la pobreza.

14. Un término utilizado en los papiros para designar a los hacendados ricos. Al respecto, sigue siendo de utilidad consultar la crítica de J. Leipoldt en *Theolog Literaturblatt*, 39, 1918, col. 180 ss. a los papiros de la Biblioteca de la Universidad de Basilea publicados por E. Rabel en *Abhandlungen der Königlichen Gesellschaft der Wissenschaften zu Göttingen*, 16, 3, Berlín, 1917.

Amar el dinero constituía la razón por la que un rico tendría especial dificultad para entrar en el Reino de los cielos (Mateo 19, 23), pero sólo en un caso concreto (Lucas 18, 23) parece Jesús haber considerado que la persona debía abandonar todas sus posesiones si deseaba ser lo suficientemente libre como para seguirlo. En términos generales, si alguien deseaba seguirlo bastaba con que creyera en que era el Hijo enviado por el Padre para que el que creyera no se perdiera sino que tuviera vida eterna (Juan 3, 16). No era necesario que se empobreciera ni que pasara a formar parte de una comunidad con los bienes colectivizados como en Qumrán.

II. Jesús y las clases medias

Estos comentarios relacionados con las clases altas resultan aún más pertinentes al hacer referencia a lo que podíamos denominar las clases medias. La sociedad contemporánea de Jesús contaba con diversos segmentos a los que podría denominarse medios. Ciertamente, su correspondencia con las clases medias occidentales de la actualidad es muy limitada pero, a la vez, no es menos cierto que constituían grupos que no llegaban a la pobreza de las clases inferiores. En ellos quedaban incluidos pequeños tenderos, propietarios de algún negocio en un mercado; artesanos, propietarios de sus talleres; personas dedicadas a la hospedería; trabajadores relacionados con el servicio del templo y buen número de los miembros pertenecientes al sacerdocio.

El número de seguidores de Jesús relacionado con este estrato social no fue insignificante, incluso entre los pertenecientes a sus discípulos más cercanos. Incluso podría señalarse que pudo ser mayoritario. Así, por ejemplo, Cefas (Pedro) mantenía un negocio de pesca de tipo familiar –lo explotaba junto a su hermano– que le permitía tener una casa propia (Marcos 1, 16 ss.; 1, 29-31). La familia de Zebedeo, de la que procedían Santiago y Juan, procedía asimismo de una explotación pesquera que les exigía contar con empleados no pertenecientes a la familia (Marcos 1, 19-20 y par.).

De este sector de clase media –bastante estratificado a su vez y, en ocasiones, con segmentos relativamente acomodados– parecen haber procedido asimismo Marta, María (Lucas 10, 38-42) y su hermano Lázaro (Juan 11). Tampoco de ellos nos consta que se empobrecieran para ser discípulos de Jesús. Contaban con una casa, al menos, y con un sepulcro de características aparentemente nada modestas (Juan 11, 38).

Ya hemos señalado antes a las mujeres que servían a Jesús con sus bienes (Lucas 8, 1-3). Según el tercer evangelio, se trataba de mujeres que habían sido sanadas de enfermedades o liberadas de demonios y entre ellas se contaban María Magdalena, Juana, la mujer de Juza, el intendente de Herodes, Susana y otras muchas. En algún caso, su adscripción social debió de ser alta pero posiblemente en la mayoría su encuadre económico sería el de las clases medias. Sin duda, algunas de ellas parecen haber acompañado a Jesús, pero ciertamente conservaban el control absoluto sobre sus posesiones y no estaban sujetas a ningún sistema de colectivización de la propiedad o de bolsa común.

Igual que vimos en relación con los ricos, Jesús no parece haber mostrado ningún interés especial por que sus seguidores cambiaran de clase social. Con la excepción de los doce, a la que nos referiremos más adelante, Jesús sólo pidió a sus seguidores que creyeran en él, pero no hizo ninguna referencia a formar parte de una colectividad económica de pobreza compartida. Nuevamente, la exigencia era la fe –como señaló a Marta: si crees, verás la gloria de Dios (Juan 11, 40)– y no la entrada en un grupo de signo colectivista.

III. Jesús y los pobres

La clase social más numerosa en la Palestina de la época de Jesús fue la de los pobres. Aunque algunos se mantenían mediante el trabajo, no era escaso el número de los que debían su supervivencia a la compasión del prójimo. No faltaron tampoco los esclavos, aunque, por regla general, Judea desconociera el modelo de producción esclavista tan característico de las sociedades griega y romana.

Los jornaleros ganaban una media de un denario diario (Mateo 20, 2 y 9; Tobías 5, 15) comida incluida (B. M, 7, 1). La cantidad era ciertamente modesta y más si había que mantener una familia. Por ello, no debería extrañarnos descubrir que el no encontrar trabajo –como le pasó a Hil·lel en Jerusalén– constituyera una auténtica tragedia (Yoma 35b bar.) y que los braceros se juntaran en las plazas de los pueblos, en ocasiones durante todo el día, a la espera, no pocas veces infructuosa, de ganarse el sustento, una circunstancia recogida por Jesús en una de sus parábolas (Mateo 20, 1 ss.).

No mucho mejor era la suerte de los que vivían de las ayudas ajenas. La situación de escribas y rabinos resultaba no pocas veces precaria[15] (Eclesiástico 38, 24; 39, 11; P. A. 4, 5; 1, 13; Yoma 35b bar; Mateo 10, 8-10; Marcos 6, 8; Lucas 8, 1-3; 9, 3; I Corintios 9, 14). Quizá esa perentoriedad económica explique las referencias históricas sobre la corrupción de los fariseos (Guerra Jud, I, 29, 2) y las acusaciones de avaricia (Lucas

---

15. También conocemos el caso de rabinos que trabajaron como Shammay (Shab 31a), Hil·lel (Yoma 35b bar), Yojanan ben Zakkay (Sanh 41 a; Sifré Deut 34, 7; Gen. R 100, 11 sobre 50, 14), R. Eleazar ben Sadoc (Tos. Besa 3, 8), Abbá Shaul ben Batnit (Tos. Besa 3, 8; Besa 29a bar) o Pablo (Hechos 18, 3), aunque este último caso no deberíamos forzarlo.

16, 14) y rapacidad (Marcos 12, 40; Lucas 20, 47) que, en relación con los mismos, aparecen en los Evangelios y en las fuentes rabínicas. Lejos de tratarse de calumnias impulsadas por la controversia doctrinal, lo cierto es que las fuentes judías y cristianas coinciden en mostrarnos el panorama de personas que, so capa de religiosidad, no se recataban de despojar incluso a los que eran más humildes económicamente que ellos (Mateo 23, 14-22).

En cuanto a las personas que ejercían la mendicidad,[16] incluso valiéndose de artimañas (Pea 8, 9; Ket 67b-68a), no fueron pocas (Pes 85b; San 98a). Considerados por muchos como desecho social –y en un sentido crudamente pragmático de la economía el juicio era cierto no pocas veces– Jesús parece haber tenido frecuente contacto con ellos (Mateo 21, 14; Juan 9, 1 y 8; 8, 58-9; 5, 2-3) y, sin duda, contó con seguidores en este segmento de la población.

A diferencia de los esenios de Qumrán, no consideró la enfermedad como algo impuro e incluso hizo hincapié en predicar su mensaje a personas que padecieran algún tipo de sufrimiento físico (Lucas 14, 13). Las fuentes recogen además referencias al hecho de que no tuvo empacho en quebrantar la normativa mosaica sobre la pureza ritual. Guiado por esa compasión que superaba la letra de la Torá, tocó a un leproso (Marcos 1, 40-5) o un ataúd que llevaba en su interior un cadáver (Lucas 7, 12 ss.), quebrantó el sábado para practicar una curación (Lucas 13, 10 ss.) o acusó a los que evitaban atender al prójimo para guardar las normas relativas a la pureza ritual (Lucas 10, 25 ss.). Lejos de apartar a los enfermos de sí, una de las características obvias del ministerio de Jesús fue atraer a éstos, característica ésta que hizo extensible a la misión de sus discípulos (Mateo 10, 1 ss.).

---

16.   Pes 113a indica cómo, de hecho, las gentes de Jerusalén se sentían orgullosas de su pobreza.

Jesús procedía de una familia que, según la Torá, era considerada pobre,[17] aunque, en puridad, debería encuadrarse más bien en nuestra idea de uno de los sectores inferiores de las clases medias. Al igual que muchos escribas de su tiempo, carecía de recursos habituales (Mateo 8, 20; Lucas 9, 58), no llevaba dinero encima (Mateo 17, 24-7; Marcos 12, 13-7; Mateo 22, 15-22; Lucas 20, 24) y vivía de ayudas (Lucas 8, 1-3) como ya hemos señalado. Por otro lado, algunas de sus parábolas dejan de manifiesto que conocía los ahogos de aquellos que se veían metidos en deudas hasta el punto de tener que vender como esclavos a miembros de su familia (parábola de los dos deudores en Mateo 18, 23-35) o de los que esperaban infructuosamente horas y horas para verse contratados como jornaleros (parábola de los obreros de la viña en Mateo 20, 1-16).

No deja de ser significativo, sin embargo, que en ninguno de los dos casos, cayera Jesús en la tentación romántica (o demagógica) de presentar a los indigentes retratados por su mera condición bajo una luz amable. En el caso de la historia de los dos deudores, el perdonado por su señor es peor que éste, ya que se niega a su vez a condonar la deuda a un compañero y, precisamente por eso, es arrojado a la cárcel hasta que le pague (Mateo 18, 29-30). En la parábola de los obreros de la viña, éstos protestan porque los braceros que han llegado los últimos cobran igual que lo que se prometió a los primeros (Mateo 20, 10-6). Desde luego, si alguien desea desprender un contenido social de estos dos textos –aunque resulta evidente que su finalidad era predominantemente espiritual– aquél debería ser, muy posiblemente, el de que los vicios humanos (especialmente la insolidaridad) se dan cita igual entre pobres que entre ricos y que incluso los ricos, ocasionalmente, pueden ser más generosos con algunos pobres que éstos entre sí.

---

17. Tengamos en cuenta que el sacrificio de purificación de su madre es el de los pobres (Lucas 2, 24 y Levítico 12, 8).

Ciertamente, Jesús no parece haber abogado tampoco porque este segmento social se mantuviera en su situación como algo especialmente deseable. Mucho menos formó con él un colectivo de economía comunal. Si hemos de ser fieles a los datos de las fuentes, Jesús les indicó que su Padre celestial cubriría sus necesidades (Mateo 6, 25-34) y no que éstas los harían más gratos a los ojos de Dios. Aquello no implicaba ni un programa de acción social ni tampoco una estrategia política. Se trataba, lisa y llanamente, de creer confiadamente en Dios. Éste les daría el pan de cada día (Mateo 6, 11), así como el alimento necesario (Mateo 6, 26) y el vestido (Mateo 6, 28-30), precisamente porque Dios no contempla con agrado ni la pobreza ni la indigencia (¡mucho menos la considera una marca de santidad como se desprende de las parábolas citadas!).

En los últimos años, y cuesta no ver en ello un cierto oportunismo, disfrutó de cierto predicamento la tesis de que el grupo de Jesús estaba formado por pobres y que su mensaje sólo estaba dirigido a ellos, de manera incluso subversiva. Tal afirmación no resiste el más mínimo análisis de las fuentes. Si aceptamos los datos históricos que nos han llegado, tenemos que admitir que el llamado de Jesús estuvo dirigido a todos y que ésa fue precisamente una de las notas características de su grupo. Por ello, el identificar la enseñanza de Jesús con una forma de culto del pauperismo sólo puede explicarse como fruto de una defectuosa metodología o de una interesada deformación ideológica que, para poco o nada atiende al contexto histórico de la época y los datos proporcionados por las fuentes. La pobreza a la que se refiere Jesús, por ejemplo, al declarar bienaventurados a los pobres de espíritu, no era algo identificable con la miseria, sino más bien con una sencillez de vida y una humildad de espíritu que no cuestionaba necesariamente las posesiones de cada uno. Más bien alimentaba la solidaridad y la ayuda a los demás, a la vez que ponía toda su fe en la intervención de Dios.[18]

El grupo de seguidores de Jesús no buscaba tanto el estar configurado por pobres materiales como sucedía en Qumrán, cuanto el albergar a los pobres de espíritu (Mateo 5, 3), es decir, pobres entendidos más como un concepto teológico que como una categoría económica y social.

Tal visión –a diferencia de la monástica propugnada por el Maestro de Justicia y sus seguidores– contaba con un rancio abolengo dentro del desarrollo teológico del pueblo judío. Hay referencias a estos pobres, por ejemplo, en Isaías 61, 1 (los de corazón abatido), que buscan a Dios (Salmo 22, 27; 69, 33, etc.), cuyo derecho es violentado (Amós 2, 7) pero a los que Dios escucha (Salmo 10, 17), enseña el camino (Salmo 25, 9), salva (Salmo 76, 10), etc. Asimismo, en el Antiguo Testamento afirma que esa acción de Dios provoca el que los *anavim* lo alaben (Salmo 22, 27), se alegren en él (Isaías 29, 19; Salmo 34, 3; 69, 33), reciban sus dones (Salmo 22, 27; 37, 11), etc. Los *anavim*, pues, no son los pobres sin más, sino –y esto resulta esencial– los pobres de Dios (Sofonías 2, 3 ss.).[19] En los LXX, la traducción al griego de la Biblia judía, esta interpretación aparece tan asumida que *pobre* es traducido no sólo como *ptojós* y *pénes*, sino también por *tapeinós* (humilde) y *prays* (manso) o sus derivaciones. De hecho, el termino *anav* en el Antiguo Testamento tiene un significado ambivalente. Mientras en algunos casos sólo se refiere al necesitado (Isaías 29, 19; 61, 1; Amós 2, 7; etc.), en otros es equivalente de humilde (Números 12, 3; Salmo 25, 9; 34, 3; 37, 11; 69, 32, etc.). Lo

18. Un análisis extenso de este tema en Vidal, C., *El judeo-cristianismo palestino en el siglo I*, Madrid, 1995.

19. Véase en este sentido: Martin-Achard, R., Yahwé et les anawim: *ThZ* 21, 1965, pp. 349-57.

mismo puede decirse de *ebion* (Jeremías 20, 13) o de *dal* (Sofonías 3, 12) cuyo significado puede ser tanto el de necesitado como el de humilde en algunos pasajes. Dentro de ese marco de referencia, los pobres *(anavim)* no eran una clase social, sino el colectivo que esperaba todo de Dios –incluido el hecho de que las necesidades materiales fueran cubiertas con suficiencia– porque no cabía esperar de ningún otro.

Por supuesto, Jesús parece haber contado con un gran poder de atracción sobre los indigentes, aunque sólo fuera por el eco de las historias de curaciones o de multiplicaciones de panes y peces. Sin embargo, el mismo Jesús repudió esa actitud, que sólo buscaba panes y peces, de manera enérgica y se negó a aceptar en el seno de su grupo a los que seguían ese comportamiento (Juan 6, 25-27). Aún más, les indicó que «ésta es la obra de Dios, que creáis en el que él ha enviado» (Juan 6, 29).

No bastaba con ser pobre para pertenecer al grupo. Tampoco parece que tal circunstancia se considerara una recomendación especial. La integración en el mismo dependía, como veremos, de una decisión vital no conectada directamente con el estatus social. Era la de creer en Jesús, tal y como él mismo se presentaba.

IV.   Jesús y los gentiles

Si Jesús no ponía trabas sociales ni económicas a los que deseaban entrar en el grupo de sus seguidores; si entre sus seguidores podía haber desde publicanos a pescadores, hombres ricos o leprosos, mujeres de altos dignatarios o prostitutas –circunstancias que lo separan radicalmente de la comunidad del mar Muerto– no es menos significativa la actitud de Jesús hacia los gentiles.

Ya hemos visto la visión, nada positiva por otra parte,

que la comunidad de Qumrán tenía de los no judíos. Tal enfoque no aparece, en absoluto, en la enseñanza de Jesús. Aunque indicó a sus apóstoles que su misión estaba centrada en las ovejas perdidas de la casa de Israel (Mateo 15, 24), tal actitud no le impidió curar a no judíos (Marcos 7, 24-30; Lucas 7, 1-10), negarse a secundar el antisamaritanismo de sus seguidores (Lucas 9, 54 ss.), poner como ejemplo de fe a no judíos (Lucas 4, 16 ss.), cruzar territorio samaritano y trabar relaciones amistosas con sus pobladores (Juan 4), señalar que la fe de un no judío (¡para más colmo centurión romano!) era mayor que cualquiera que hubiera encontrado en Israel (Mateo 8, 10-3) y, lo que es esencial, pronosticar que vendrían muchos de Oriente y Occidente y se sentarían con Abraham, Isaac y Jacob en el Reino de los cielos mientras que los hijos del reino serán echados a las tinieblas externas. Allí sería el llanto y el crujir de dientes (Mateo 8, 11-2).

Esta última afirmación resultaba de importancia fundamental por cuanto señalaba no sólo que muchos judíos se verían excluidos de su llamado como pueblo a causa de la falta de fe en Jesús, sino que además el lugar vacante dejado por ellos resultaría ocupado por no judíos que sí tendrían fe en el Mesías de Israel.[20] Como ha señalado muy lúcidamente el autor judío David Flusser, seguramente Jesús pensó en más de una ocasión que los no judíos le hubieran escuchado con más facilidad que sus compatriotas, «envidió» el destino del profeta de Jonás que fue enviado a los ninivitas y creyó que en Tiro y Sidón hubiera sido objeto de una mejor acogida (Mateo 11, 21-24; Lucas 10, 13-15).[21]

20.   Sobre el desarrollo posterior de la entrada de los no judíos en el grupo de seguidores de Jesús, véase Vidal, C., *El judeo-cristianismo...*
21.   Flusser, D., *El cristianismo, una religión judía*, Barcelona, 1995, pp. 72 ss.

Con su apertura a los no judío Jesús no violentaba la esencia misma del judaísmo contemplada en el Antiguo Testamento. Todo lo contrario. Cumplía –¡una vez más!– su misión como «Siervo de YHVH». Aquel siervo «llevaría la salvación a las naciones» porque restaurar sólo a Israel hubiera constituido demasiado poco para él.

Conclusión

La documentación que ha llegado hasta nosotros relativa a la secta del mar Muerto y al grupo de Jesús nos permite reconstruir con notable exactitud y nitidez el tipo de personas que formaron parte de ambos colectivos, así como la mentalidad que imperaba en ellos. La secta de Qumrán optó fundamentalmente por una visión exclusivista en la que el factor esencial era la búsqueda de la pureza ritual hasta sus últimas consecuencias. Así, se procedía a excluir a los no judíos (impureza racial y espiritual); a las mujeres e inválidos (impureza física y espiritual); a los judíos que no tuvieran un especial interés en guardar la Torá de acuerdo a una *halajah* específica que no era la de los fariseos ni la de los saduceos (carencia de un deseo de buscar la pureza hasta el final); e incluso a los esenios, que no aceptaban el papel determinante del Maestro de Justicia.

Además, la entrada en el grupo exigía un cambio de vida con repercusiones estamentales y geográficas. Así, se exigía el abandono del estatus social previo, el enclaustramiento en Qumrán, la entrega de todos los bienes al colectivo y la aceptación de una vida de pobreza comunitaria.

En el caso del grupo de Jesús, los factores esenciales parecen haber sido la apertura del llamamiento a todos, desde una perspectiva claramente universalista, así como el deseo de remediar los males que aquejaban al ser humano prescindiendo de su contexto social, económico, sexual o racial. De esta manera, el llamamiento estaba dirigido predominantemente a las «ovejas perdidas de la casa de Israel» pero ya apuntaba a la inclusión de los no judíos. Asimismo, las mujeres no eran excluidas e incluso tuvieron un papel de enorme relevancia en el colectivo, incomparable ciertamente en el contexto del judaísmo de la época. Tal actitud explica que el llamado se hiciera también a los excluidos espiritualmente de Israel, como las prostitutas o los publicanos.

Finalmente, Jesús no exigía el abandono del estatus social previo, ni el enclaustramiento en un lugar determinado, ni la entrega de todos los bienes al colectivo (volveremos sobre esta cuestión) ni la aceptación de una vida de pobreza comunitaria. La única condición para entrar en el grupo era volverse a Dios creyendo en Jesús como Mesías e Hijo. De ahí que entre los seguidores de Jesús hubiera ricos, pobres y miembros de las clases medias. Al parecer sólo de manera muy excepcional, los discípulos abandonaron su situación social al creer en él. Asimismo, la pobreza no fue concebida como una nota de santidad. Más bien, Jesús incidió en la enseñanza de que Dios acabaría con esa pobreza material no en un lejano más allá, sino en el devenir cotidiano. Frente a la idea qumraní de que un colectivo podía ser completamente puro, Jesús opuso la de que todos los seres humanos estaban apartados de Dios pero contaban con la oportunidad de volverse a él gratuitamente y por encima de cualquier condicionante racial, espiritual, social o económico. El primer colectivo sólo admitía hombres, judíos, sanos y especialmente apegados al Maestro de Justicia y sus enseñanzas. El segundo tenía como único requisito creer en Jesús. Sería otro judío, el ex fariseo Saulo, el que cristalizaría por escrito lo que implicaba esa visión nacida por Jesús al afirmar que en el seno de la comunidad «ya no hay ni judío ni griego; ni esclavo ni libre; ni hombre ni mujer porque todos sois uno en Jesús el Mesías» (Gálatas 3, 28).

CAPÍTULO IX

La organización de la comunidad del mar Muerto y de la comunidad de Jesús

Quizá uno de los temas en que más se ha incidido al realizar un análisis comparativo entre la secta qumraní y el cristianismo primitivo haya sido el de sus respectivas organizaciones. De hecho, los supuestos paralelismos entre ellas comenzaron a ser señalados prácticamente desde que se produjeron las primeras publicaciones de textos relacionados con Qumrán[1] y las diversas tesis contaron, desde el principio, con valedores de gran talla. J. Danielou, que realizó un estudio comparati-

---

1.   Conocida es la hoy desprestigiada tesis de A. Dupont Sommer, que calificó a Jesús como «sorprendente reencarnación del Maestro de Justicia» (Dupont Sommer, A., *Aperçus préliminaires sur les manuscrits de la mer Morte*, París, 1950, p. 121) o la novelesca reconstrucción de J. Allegro que hablaba de una crucifixión del Maestro de Justicia y de cómo sus discípulos esperaban su resurrección y retorno (*Times*, Nueva York, 6 de febrero de 1956, p. 37). Con todo, la identificación del cristianismo con los esenios viene de mucho más atrás. Federico II –que había sido iniciado en la masonería y creía poseer un conocimiento esotérico del cristianismo– escribió a D'Alembert el 17 de octubre de 1770 que «Jesús era propiamente un esenio» y es conocida la frase de E. Renan: «el cristianismo es un esenismo que alcanzó éxito y difusión». En el mismo sentido, se definieron D. F. Strauss y H. Graetz (véase: Black, M., «The Dead Sea Scrolls and Christian Origins» en Black, M. [ed.], *The Scrolls and Christianity*, Londres, 1969, p. 98).

vo sobre la organización de ambos colectivos,[2] sugirió asimismo la influencia de Qumrán en el pensamiento cristiano[3] y, en obras posteriores, abordó los presuntos paralelos en áreas como la escatología,[4] la organización[5] y los orígenes del cristianismo.[6] En otra dirección, pero no desprovistos de interés, resultaron asimismo los aportes de O. Cullmann que comparó el trasfondo de los manuscritos del mar Muerto con el de las pseudoclementinas[7] y que enfatizó la relevancia de los mismos para comprender los inicios del cristianismo.[8]

Desde entonces, los estudios se han multiplicado abarcando áreas como la supuesta relación entre antiguos miembros de la secta qumraní y los destinatarios de la carta judeocristiana conocida como Hebreos (Y. Yadin),[9] entre esenios y judeocristianos (C. Colpe),[10] entre los sectarios de Qumrán y

2. Danielou, J., «La communauté de Qumran et l'organisation de l'Eglise ancienne», *La Bible et l'Orient. Congres d'archéologie et d'orientalisme biblique de Saint-Cloud*, París, 1954, pp. 104-17.

3. Danielou, J., «Une source de la spiritualité chrétienne dans les manuscrits de la mer Morte: la doctrine des deux esprits», en *Dieu vivant*, 25, 1953, pp. 127-36.

4. Danielou, J., «Eschatologie sadocite et eschatologie chrétienne», en *Les manuscrits de la mer Morte*, Coloquio de Estrasburgo del 25 al 27 de mayo de 1955, París, 1957, pp. 111-26.

5. Danielou, J., «Eglise primitive et communauté de Qumrân», en *Etudes*, 293, 1957, pp. 216-35.

6. Danielou, J., *Les manuscrits de la mer Morte et les origines du christianisme*, París, 1957.

7. Cullmann, O., «Die enuentdeckten Qumrantexte und das Judenchristentum der Pseudoklementinen» en BZNW, 21, 1954, pp. 35 ss.

8. Cullmann, O., «The Significance of the Qumran Texts for research into the beginnings of Christianity» en JBL, 74, 1955, pp. 213-26.

9. Tadin, Y., «The Dead Sea Scrolls and the Epistle to the Hebrews», en *Scripta Hierosolymitana*, 4, Jerusalén, 1958, pp. 45-8.

10. Colpe, C., «Die Essener und das Judenchristentum. Zu den Handschriftenfunden am Toten Meer», en *Deutsche Universitätszeitung*, 12, 1957, pp. 20-3 y 10-5.

el cristianismo anterior a Pablo (D. Flusser),[11] entre los documentos del mar Muerto y el Nuevo Testamento (J. Jeremias,[12] F. F. Bruce,[13] G. Vermes[14]) o entre el sistema jerárquico referido en los documentos del mar Muerto y la organización de la comunidad judeocristiana de Jerusalén (W. F. Albright).[15] Sin embargo, en general, no puede señalarse que exista, hoy por hoy, un consenso generalizado sobre la relación exacta, si es que la hubo, existente entre los modelos organizativos de ambos colectivos. En las páginas siguientes realizaremos, por lo tanto, un examen de aquellos aspectos que se han señalado como muestra de una posible similitud entre las dos comunidades.

La autodenominación

A semejanza de los primeros cristianos, de los primeros cuáqueros o de los anabautistas del s. XVI, la secta de Qumrán no parece haber utilizado un nombre concreto con el que defi-

11.   Flusser, D., «The Dead Sea sect and Pre-Pauline Christianity», en *Scripta Hierosolymitana,* 4, Jerusalén, 1958, pp. 215-66 y Flusser, D., «The Last Supper and the Essenes», *Immanuel,* 2, 1973, pp. 23-7.

12.   Jeremias, J., «The Qumran Texts and the New Testament» en ExpT, 70, 1958-1959, pp. 68 ss. y Jeremias, J., «Die Funde am Toten Meer und das Neue Testament», en *Evangelische Unterweisung,* 13, 1958, pp. 65-7.

13.   Bruce, F. F., *Second Thoughts on the Dead Sea Scrolls,* Grand Rapids, 1961 y Bruce, F. F., «The Dead Sea scrolls and Early Christianity» en BJRL, 49, 1966, pp. 69-90.

14.   Vermes, G., «The impact of the Dead Sea scrolls on the study of the New Testament» en JJS, 27, 1976, pp. 107-16.

15.   Albright, W. F., «The organization and institutions of the Jerusalem church in Acts» en Munck, J., *The Acts of the Apostles,* Nueva York, 1967, pp. 276 ss.

nirse. Por el contrario, en los documentos del mar Muerto aparecen una serie de apelativos que más que denominaciones parecen calificativos de una condición espiritual. Así encontramos expresiones como *los pobres* (1 QpHab 12, 3, 6, 10; 1 QM 11, 9, 13; 14, 7; 1 QH 5, 21; 18, 14, etc.), los *hijos de la luz* (1 QS 1, 9; 2, 16, etc.), los *hijos del beneplácito divino* (1 QH 4, 32-33; 11, 9), *templo de Dios* (1 QS 8, 5, etc.), *Nuevo Pacto* (CD 6, 19; 8, 21, etc.); el *Resto* (CD 1, 4-5, etc.) o los *Muchos* (1 QS 6, 7 ss.).

Esa resistencia a utilizar una autodenominación resulta aún más acentuada en el caso de la comunidad formada en torno a Jesús. Éste conocía la denominación de *pobres* (Mateo 5, 3) e, igualmente, utilizó expresiones como la de *hijos de Dios* (Mateo 5, 9; 5, 45; 11, 19; 17, 26; etc.) y *de la luz* (Lucas 16, 8). No menos evidente resulta el paralelismo con la idea de Nuevo Pacto. De hecho, uno de los aspectos más relevantes en su enseñanza fue la afirmación de que su muerte era un sacrificio expiatorio en virtud del cual Dios iniciaba un Nuevo Pacto (Mateo 26, 26-9; Marcos 14, 12-25; Lucas 22, 7-23). Pese a todo, aunque hizo referencia a estos conceptos, nunca los usó como denominación del grupo de sus seguidores. Años después de la muerte de Jesús, éste seguía sin contar con una denominación concreta.

Por otro lado, ideas como las del *Resto* o la de los *Muchos* aparecen ausentes de la enseñanza de Jesús e incluso en el último caso, más bien hallamos en ella una insistencia en que sus seguidores no son muchos sino *pocos* (Mateo 7, 14; Lucas 13, 23 ss.), en realidad, un rebaño pequeño (Lucas 12, 32).

Contra lo que pueda parecer al profano, las mismas semejanzas nos indican poco a la hora de establecer una presunta relación entre Qumrán y Jesús. La razón fundamental para ello se encuentra en el hecho de que el origen de ambos usos es común y se halla en el Antiguo Testamento. Así, la expresión *Nuevo Pacto*, (de donde procede Nuevo Testamento), no se originó entre los esenios sino que parte de un pasaje del profeta Jeremías que dice así:

> He aquí que vienen días, dice YHVH, en que haré un nuevo pacto con la casa de Israel y con la casa de Judá. No como el pacto que hice con sus padres el día que los tomé de la mano para sacarlos de la tierra de Egipto. Porque ellos invalidaron mi pacto, aunque yo fui como un marido para ellos, dice YHVH. Pero éste es el pacto que haré con la casa de Israel después de aquellos días, dice YHVH: daré mi ley en su mente, y la escribiré en su corazón, y yo seré su Dios y ellos serán mi pueblo. [JEREMÍAS 31, 31-3.]

Tanto la secta de Qumrán como Jesús creían que la profecía de Jeremías se cumplía en su tiempo. Pero, pese a todo, la diferencia entre ambos puntos de vista resultaba esencial. Los esenios del mar Muerto pensaban que ellos eran los protagonistas del Nuevo Pacto. Jesús, por el contrario, afirmaba que el Nuevo Pacto se basaba en su muerte sacrificial (Mateo 26, 26-9; Marcos 14, 12-25; Lucas 22, 7-23).

Algo muy parecido sucede con el concepto del *Resto*. Desde la época de los profetas, resultaba obvio que no todo Israel estaba siendo fiel a su misión como pueblo de Dios. De ello se desprendía, finalmente, que sólo ese Resto leal mantendría su relación con YHVH, guiado por el Mesías nacido en Belén. Como había anunciado el profeta Miqueas:

> Pero tú, Belén éfrata, pequeña entre las familias de Judá, de ti me saldrá el que será Señor en Israel. Sus salidas son desde el principio, desde los días de la eternidad. Pero los dejará hasta el tiempo que de a luz la que ha dé dar a luz; y el resto de sus hermanos se volverá con los hijos de Israel. [MIQUEAS 5, 2-3.]

Obviamente, los sectarios de Qumrán se consideraban el verdadero resto de Israel, el único digno de obtener salvación cuando Dios se manifestara. Sin embargo, la postura de Jesús era distinta. Para empezar, el término no aparece en su enseñanza. En cuanto a la idea, puede que se halle presente de manera indirecta en referencias suyas al hecho de que habría judíos que, por su incredulidad, serían arrojados al llanto y crujir de dientes, mientras muchos no judíos se sentarían a la mesa de Abraham, Isaac y Jacob (Mateo 8, 10-2). Pero, con todo, resulta innegable que su visión de un posible resto era diametralmente opuesta a la de la teología qumraní.

Algo muy similar sucede con el calificativo de hijos de Dios. Una cierta tendencia optimista antropológicamente ha acostumbrado a la mayoría de la gente a pensar que el cristianismo del Nuevo Testamento enseña que Dios es el Padre de todos y que de ahí se deriva que todos los seres humanos son sus hijos. Tal punto de vista es radicalmente erróneo. El Antiguo Testamento limitaba el tratamiento de hijos sólo al pueblo de Dios (Isaías 63, 8; Oseas 1, 10; etc.). El resto de los seres humanos son criaturas, hechas a imagen y semejanza de Dios ciertamente (Génesis 1, 26-7) pero no hijos suyos. Precisamente por eso no es extraño que los sectarios de Qumrán se vieran a sí mismos como hijos de Dios y que, a la vez, excluyeran de tal categoría a los demás. Algo similar encontramos en la enseñanza de Jesús.

Jesús fue tajante al señalar que pueden llamar Padre a Dios —y son hijos de Dios, en consecuencia— sólo los discípulos de Jesús (Mateo 5, 1, 16; 6, 1, 6, 8; etc.). De hecho, como señalará posteriormente el cuarto evangelio «a todos los que lo recibieron (a Jesús), a los que creen en su nombre, les dio potestad de ser hechos hijos de Dios» (Juan 1, 12) o, en palabras de Pablo, «sois hijos de Dios por la fe en Jesús el Mesías» (Gálatas 3, 26). De nuevo, la diferencia con Qumrán resulta obvia. Ciertamente, tanto los sectarios de Qumrán como Jesús compartían el punto de vista de que ser hijo de Dios no era algo que se producía con el nacimiento sino que estaba vinculado a una decisión vital. Sin embargo, al dilucidar cuál era, concretamente difería ya de manera radical. Para los esenios del mar Muerto, la condición de hijos de Dios se alcanzaba entrando en la secta. Para Jesús (y posteriormente sus seguidores) sólo se podía llegar a ser hijo de Dios cuando se creía en él como Mesías e Hijo de Dios.

En términos generales, puede decirse, por lo tanto, que el análisis comparativo de las denominaciones utilizadas por los sectarios de Qumrán y por Jesús si acaso lo que muestra es una clara diferenciación entre ellos en lo que al contenido se refiere, debiendo atribuirse las coincidencias —más en la forma que en el fondo— al hecho de que se trata de términos comunes a otras corrientes del judaísmo (pobres, Nuevo pacto, resto, etc., como evidentemente lo eran).

Baños y comidas rituales

Otro punto de comparación entre los seguidores del Maestro de Justicia y Jesús se encuentra en el ámbito de los baños y comidas rituales. En relación con lo primero,[16] resulta obvio

16. Acerca del bautismo, véase: Mentz, H., *Taufe und Kirche*, Múnich, 1960; Beasley-Murray, G. R., *Baptism in the New Testament*, Grand Rapids, 1962; Jeremias, J., *Infant Baptism in the First Four Centuries*, Filadelfia, 1962; Averbeck, R. E., «The Focus of Baptism in the New Testament» en GJT, 1, 1980, pp. 265-301; Badia, L. F., *The Qumran Baptism and John the Baptist's Baptism*, Lanham, 1980; Barth,G., *El bautismo en el tiempo del cristianismo primitivo*, Salamanca, 1986; Dockery, D. S., «Baptism» en DJG, Leicester, 1992; Vidal, C., «Bautismo», en *Diccionario de las tres religiones*, Madrid, 1993 y en *Diccionario de Jesús y los Evangelios*, Estella, 1995.

que en Qumrán nos encontramos con la práctica de una serie de baños rituales de carácter repetitivo, siendo precedido el primero por todo el período de postulantado al que ya hicimos referencia en un capítulo anterior. Asimismo, las fuentes señalan que cada comida cotidiana debía ser precedida por un baño (bautismo) ritual con fines de purificación.

Tales baños previos a las comidas no se dieron en el grupo de Jesús. En realidad, las fuentes nos indican que los mismos lavatorios rituales, los rechazó de plano (Marcos 7, 1 ss.) alegando que «todo lo que de fuera entra en el hombre no le puede contaminar, porque no entra en su corazón, sino en el vientre y de ahí es expulsado a la letrina. Esto decía haciendo limpios todos los alimentos» (Marcos 7, 18-9).

Incluso la misma idea de un bautismo inicial como rito de inicio de una nueva vida espiritual –que luego sería común entre los primeros cristianos– tampoco parece haber sido la práctica habitual en vida de Jesús. Como señala el evangelio de Juan (4, 1-2), que recoge aquí una tradición auténtica muy primitiva, sus discípulos sí bautizaban al principio del ministerio público de Jesús (¿como influjo del bautismo de Juan?), pero él personalmente no realizó ningún bautismo.

La práctica generalizada es, desde luego, posterior a la muerte de Jesús. Sabemos que en el cristianismo primitivo se produjo, desde el principio, el bautismo de los conversos pero, al contrario de lo sucedido en Qumrán, con lo que nos encontramos es con un acto, único e irrepetible, que se producía sólo al principio de la entrada en la comunidad (Hechos 2, 38-41). Además, la administración del mismo parece haber sido inmediata a la confesión de fe en Jesús, sin necesidad de un noviciado previo (Hechos 2, 38; 8, 36-8; 9, 18; 16, 15 y 33; 18, 8, etc.). Sí coincidieron los primeros cristianos y los esenios del mar Muerto en el hecho de que, en ambos casos, la práctica fue por inmersión,[17] según se deduce tanto de las albercas de Qumrán como de los primeros bautisterios judeocristianos como queda de manifiesto en las excavaciones de Nazaret.[18]

También existe una coincidencia en el hecho de que en ambos colectivos el bautismo quedaba limitado a los adultos –que, previamente, han recibido una mínima instrucción y han tomado una decisión vital– y carecemos de noticias de su aplicación a los niños. Tal circunstancia no resulta extraña por cuanto en el judaísmo los varones recibían al octavo día de su nacimiento una señal de su pertenencia al pueblo de Israel mediante el rito de la circuncisión. Sólo llegados al estado adulto, y previa una cierta instrucción, cuya duración ya hemos visto que difería, recibían tanto los primeros cristianos como los sectarios de Qumrán los bautismos correspondientes.[19] Aun-

17.   No puede deducirse empero la práctica de la inmersión meramente del significado del verbo *baptizo*, ya que éste entrañaba un campo semántico mucho más amplio que el de *sumergir*. Para un estudio sobre el tema, véase Dale, J. W., *Baptizo: an Inquiry into the Meaning of the Word as Determined by the Usage of Jewish and Patristic Writers*, Filadelfia, 1991.

18.   Sobre este último aspecto, véase Vidal Manzanares, C., *El judeo-cristianismo…*, pp. 110 ss.

19.   Las referencias neotestamentarias al bautismo de X y su casa no invalidan esta afirmación. Ya P. Weigandt, «Zur sogenannten Oikosformel» en NT, 6, 1963, pp. 49-74, dejó establecido que no son ciertos los pasajes veterotestamentarios donde se hace referencia a X y su casa incluyan a los niños y, especialmente, a los niños pequeños. G. Delling, «Zur Taufe von Häusern im Urchristentum» en NT, 7, 1964, pp. 285-311, mostró asimismo que la expresión X y su casa aparece también en el ámbito lingüístico grecorromano y que por ello no puede hablarse de expresión típicamente bíblica. De hecho, como ya puso de manifiesto A. Strobel, «Der Begriff des Hauses im griechischen und römischen Privatrecht» en ZNW, 56, 1965, pp. 91-100, el término *casa* en el derecho romano hace referencia a los familiares con capacidad jurídica pero no a los niños sin uso de razón y menos a los recién nacidos. Lo mismo puede señalarse del derecho privado griego.

que, insistamos en ello, esta práctica no fue llevada a cabo por Jesús sino por sus discípulos con posterioridad a su muerte.

En cuanto a la comida en la que se compartía el pan y el vino,[20] una vez más, las presuntas coincidencias entre el grupo de Jesús y los sectarios de Qumrán parecen estar referidas más a la forma que al fondo. El contexto del rito realizado por Jesús no fue una ceremonia específica de su comunidad, sino la Pascua judía celebrada la noche en que fue prendido. En la misma utilizó vino (y no mosto como usaban los esenios de Qumrán) y, recurriendo a ese elemento y al pan, simbolizó la celebración de una nueva Pascua en la que el sacrificio del cordero sería sustituido por el suyo, también provisto de eficacia salvífica. Propiamente no nos hallamos ante una nueva ceremonia —no lo sería hasta después de la muerte de Jesús— sino ante una reinterpretación de la Pascua judía tradicional.

Con referencia a los esenios de Qumrán nos encontramos con algo muy distinto. Para empezar, en la comida ritual qumraní resultaba obligatoria la presencia de un sacerdote pronunciando la bendición, lo que no tiene punto de contacto con la Última Cena (Jesús no pertenecía a la tribu sacerdo-

---

20.   Acerca del tema, véanse: Nicolas, M. J., *L'Eucharistie*, París, 1959; Thurian, M., *L'Eucharistie*, París, 1959; De Baciochi, J., *L'Eucharistie*, París, 1964; Bouyer, L., *L'Eucharistie*, París, 1966; Schürmann, H., *Le récit de la dernière Cène (Luc 22, 7-38)*, Lyon, 1966; Barclay, W., *The Lord's Supper*, Nashville, 1967; Rordorf, W., Blond, G., Johanny, R. *et al.*, *L'Eucharistie des premiers siècles*, París, 1976; Jeremías, J., *La Última Cena*, Madrid, 1980; Marshall, I. H., *Last Supper and Lord's Supper*, Grand Rapids, 1980; Wainwright, G., *Eucharist and Eschatology*, Nueva York, 1981; Reumann, J., *The Supper of the Lord*, Filadelfia, 1985; Barth, M., *Rediscovering the Lord's Supper*, Atlanta, 1988; Deiss, L., *La cena del Señor*, Bilbao, 1989; Vidal, C., «Eucaristía», en *Diccionario de las tres religiones*, Madrid, 1993 y en *Diccionario de Jesús y los Evangelios*, Estella, 1995.

tal de Leví).[21] Además, en Qumrán la celebración del pan y del mosto (no del vino) no parece haber tenido relación con la Pascua –como sucedió en el caso de Jesús– y mucho menos con la conmemoración de la muerte expiatoria del Mesías como en el cristianismo primitivo (I Corintios 11, 23 ss.). Ciertamente, un análisis comparativo de estos ritos (baños rituales y celebración con pan y mosto, por parte qumraní; baustimo y eucaristía, por parte cristiana) pone de manifiesto no una cercanía –mucho menos identidad– entre ambas concepciones, sino más bien la existencia de cosmovisiones radicalmente distintas, centrada una en el aspecto de la pureza ritual e incardinada la otra, fundamentalmente, en la creencia en un Mesías muerto expiatoriamente al que resultaba posible adherirse mediante la fe.

La organización

En lo relativo a la organización, la secta de Qumrán conocía una estratificación jerárquica del colectivo muy definida. En las fuentes aparece la mención de «sacerdotes, primero; ancianos, segundo, y el resto de todo el pueblo de acuerdo a su rango» (1 QS 6, 8). De los primeros sabemos que desempeñaron un papel muy relevante en el interior de la secta debido a la pretensión de ésta de realizar el verdadero culto conforme a la Torá mosaica, así como a la condición sacerdotal de su fundador. En cuanto al consejo de ancianos encontramos referencias en alguna otra fuente (1 QS 6, 8; 1 QM 13, 1) y, posiblemente, haya que ver en ellos a miembros de la secta dotados de

---

21. Ni dicho sea de paso con el cristianismo del siglo I donde la creencia era que todos los creyentes son sacerdotes y no hallamos mención de un cuerpo sacerdotal específico (Apocalipsis 1, 6; 5, 10).

ciertas competencias administrativas. En la Regla de la Comunidad aparece asimismo una referencia a que existía «en el consejo de la comunidad doce hombres y tres sacerdotes» (1 QS 8, 1). Finalmente, en los documentos aparecen noticias referidas a cargos específicos como el del *mebaqqer*.

De estos aspectos, aquí reseñados muy concisamente, se han intentado desprender en alguna ocasión paralelismos con la comunidad fundada por Jesús. De acuerdo con esta visión, el consejo qumraní de doce equivaldría al número de los apóstoles; los tres podrían ser una referencia al trío de discípulos más cercano a Jesús, el formado por Pedro, Santiago y Juan; el *mebaqqer* sería un equivalente al *epískopos* cristiano, etc. Lo cierto es que del examen riguroso de las fuentes se desprende que los supuestos paralelos lo son más en el exterior que en el fondo. Para empezar, como ya vimos, no tenemos ninguna noticia que señale que Jesús otorgara dentro de su grupo una relevancia al sacerdocio siquiera similar a la que le conceden los documentos del mar Muerto. Jesús no fue sacerdote y, hasta donde sabemos, no llamó a ningún sacerdote a formar parte del grupo de los doce. Por otro lado, en ninguna de sus enseñanzas parece que otorgara ningún papel concreto a los sacerdotes. Resulta asimismo indiscutible que no creó ningún orden sacerdotal específico. Buena prueba de ello es que después de su muerte sus seguidores continuaban asistiendo a los servicios religiosos del Templo de Jerusalén (Hechos 3, 1 ss.; 21, 17 ss.; etc.). Si hay algo —como ya vimos— que define a Jesús en relación con visiones sacerdotales de su contexto es su laicismo radical.

En cuanto a la institución de los ancianos cuenta con raíces veterotestamentarias claras (Éxodo 3, 16; 24, 1; Números 11, 16; I Samuel 15, 30; I Reyes 12, 8; II Crónicas 10, 8; etc.) y de ahí, posiblemente, la tomaron tanto los sectarios de Qumrán como los primeros cristianos (Hechos 20, 17) pero, fuera cual fuese el paralelo entre ambos colectivos, lo cierto es que Jesús no reprodujo la existencia de un consejo de ancianos en su grupo ni tampoco la del *mebaqqer*.

Ni siquiera el supuesto paralelo entre los doce y el consejo de doce en Qumrán va más allá de un posible origen común, el del número de las tribus de Israel. El número de apóstoles fue fijado por Jesús en doce –y nada más que doce– precisamente porque juzgarían a las doce tribus (Mateo 19, 28; Lucas 22, 30). Tal idea no parece que existiera en Qumrán, aunque es posible que, en el caso concreto de la secta del mar Muerto, el número derivara de la convicción de los seguidores del Maestro de Justicia de constituir el Israel verdadero.

A diferencia de Qumrán, en los Evangelios el grupo de tres más cercano a Jesús no era una institución, puesto que, de hecho, aparece en ocasiones como un cuarteto en el cual se incluye a Andrés (Marcos 1, 29; 13, 3), un hermano de Pedro (Juan 1, 40-1; Marcos 1, 16) de cuya vida sabemos muy poco.[22] Muy posiblemente, los vínculos entre Jesús y estos tres o cuatro discípulos fueran más de signo amistoso que jurídico-institucional, como era el caso de los seguidores del Maestro de Justicia.

De todo lo anterior se desprende que, lejos de asemejarse, la organización del grupo de Jesús y la de la secta de Qumrán eran considerablemente diferentes. De hecho, lo específico del grupo de Jesús parece haber sido la existencia de doce apóstoles nombrados directamente por aquél. A éstos nos referiremos en el siguiente apartado del presente capítulo (Los Apóstoles).[23]

22. Peterson, M., *Andrew, Brother of Simon Peter*, Leiden, 1958.
23. Sobre el tema, véanse: Barrett, C. K., *The Signs of an Apostle*, Filadelfia, 1972; Hahn, F., «Der Apostolat in Urchristentum» en KD, 20, 1974, pp. 56-77; Culver, R. D., «Apostles and Apostolate in the New Testament» en BSac, 134, 1977, pp. 131-43; Herron, R. W., «The origin of the New Testament Apostolate» en WJT, 45, 1983, pp. 101-31; Giles, K., «Apostles before and after Paul», *Churchman*, 99, 1985,

Los doce aparecen mencionados como personas específicas en cuatro listas diferentes recogidas en Mateo 10, 2-4, Marcos 3, 16-9, Lucas 6, 14-6 y Hechos 1, 13. En la última, que es posterior a la muerte de Jesús, obviamente, se omite a Judas Iscariote, el traidor que lo entregó. En el cuarto evangelio no aparece ninguna lista, pero sí se menciona a los doce como grupo (Juan 6, 67; 20, 24) y en el mismo sentido se perfila la información transmitida por Pablo (I Corintios 15, 5). El apóstol mencionado en primer lugar es siempre Simón, cuyo nombre fue sustituido por el sobrenombre Petrós (piedra), una traducción del arameo *Kefas*. Este cambio debió de ser muy antiguo. Pedro fue uno de los tres discípulos del grupo más íntimo de Jesús (Marcos 9, 2; 5, 37; 14, 33), formado también por Santiago y Juan, dos hermanos pescadores de Galilea (Marcos 1, 19). Se ha mencionado la posibilidad de que su madre (Mateo 27, 56) fuera Salomé, hermana de la madre de Jesús (Marcos 15, 40; Juan 19, 25), con lo que nos encontraríamos ante dos primos de éste, pero el supuesto no pasa de ser mera especulación.

De menor relevancia en el seno de los doce parecen haber sido los restantes discípulos que lo componían. De Felipe sabemos que era originario de Betsaida y que era un amigo íntimo de Andrés (Juan 1, 44; 6, 5-8; 12, 22); de Bartolomé, carecemos de datos y, quizá, podría identificarse con un personaje al que el cuarto evangelio llama Natanael (Juan 1, 45-6; 21, 2); de Tomás, denominado el gemelo en Juan 11, 16 y 20, 24, poco sabemos aparte de su resistencia a creer en la

---

pp. 241-56; Agnew, F. H., «On the origin of the term Apostolos» en CBQ, 38, 1976, pp. 49-53; Agnew, F. H., «The origin of the NT Apostle-Concept» en JBL, 105, 1986, pp. 75-96; Villegas, B., «Peter, Philip and James of Alphaeus» en NTS, 33, 1987, pp. 292-4; Vidal, C., «Apóstol», en *Diccionario de las tres religiones*, Madrid, 1993 y *Diccionario de Jesús y los Evangelios*, Estella, 1995.

resurrección de Jesús; de Mateo consta que, muy posiblemente, deba ser identificado con el Leví de otras listas y que fue publicano, pero poco más. Esta parquedad de noticias se extrema aún más al llegar a los últimos miembros de la lista. Ni Judas Iscariote, el discípulo traidor supuestamente muerto poco después de la ejecución de Jesús, ni Simón el celoso ni Santiago de Alfeo parecen ocasionar problemas en cuanto a su identidad histórica pero no puede decirse lo mismo del personaje situado en décimo lugar en Mateo y Marcos y en undécimo en Lucas y Hechos. De hecho, aparecen tres nombres (Lebeo, Tadeo y Judas). No resulta imposible solventar –a pesar de que carecemos de referencias alternativas– estas discrepancias. Se ha recurrido a diversas posibilidades que van desde la falta de memoria (algo bien poco convincente, a nuestro juicio)[24] hasta la de identificar a Tadeo con Judas, el hermano de Santiago, siendo Lebeo sólo una variante textual del mismo,[25] una tesis que entra, por otra parte, dentro de lo posible.

Pese a que no contamos con datos históricos del mismo tipo acerca de los doce –conocemos relativamente bien las trayectorias posteriores de Pedro, Santiago y Juan pero las otras quedan en la penumbra– poco puede dudarse de que conocemos mucho mejor a este colectivo que el consejo de los doce en Qumrán, de cuyos miembros no nos ha llegado un solo nombre. El grupo de los doce surgió como tal en vida de Jesús y desempeñó un papel esencial en la configuración del cristianismo tras la muerte de éste. Precisamente por ello, escapa de los límites del presente trabajo.

24. Brown, R. E., «The Twelve and the Apostolate» en NJBC, Englewood Cliffs, 1990, pp. 1379.
25. Robertson, A. T., *Una armonía de los cuatro Evangelios*, El Paso, 1975, pp. 224-6. En el mismo sentido, Wilkins, M. J. «Disciples» en DJG, pp. 181, alegando, principalmente, la existencia de una coincidencia total en el resto de los nombres.

El estudio sobre el contenido exacto del apostolado ha venido ligado durante siglos a prejuicios de tipo confesional, lo que ha empañado considerablemente el análisis histórico del tema.[26] Las tesis, sin embargo, que equiparan a los apóstoles con los *shelluhim* (H. Vogelstein[27] y K. Rengstorf[28]) –comisionados rabínicos enviados por las autoridades palestinas para representarlas con plenos poderes y que recibían una ordenación simbolizada por la imposición de manos– o con alguien enviado por Dios para una misión concreta, presentan visos de verosimilitud, aunque debamos preferir las relacionadas con la segunda posibilidad. Los datos neotestamentarios relacionados con la misión de los apóstoles (Lucas 24, 47-8; Mateo 28, 19-20; Juan 20, 21; Hechos 1, 8; Marcos 16, 15) presentan a los doce como un colectivo con características muy específicas e irrepetibles. De hecho, no puede pasarse por alto la exigencia de que para formar parte del grupo de los Apóstoles la persona en cuestión hubiera acompañado a Jesús desde el principio y fuera testigo de su resurrección (Hechos 1, 21-2).

Entre las notas definitorias de los doce destacaban, de manera primordial, la predicación del Evangelio, la práctica de la curación taumatúrgica y la expulsión de demonios. Estos tres factores, de nuevo, los diferencian claramente del grupo de los doce de Qumrán.[29] Una vez más, frente a un enfoque jerárquico, ritual y sacerdotal propio de los seguidores del Maestro de

---

26. Un análisis sobre la investigación moderna sobre el tema en Vidal, C., *El judeo-cristianismo palestino en el siglo I*, Madrid, 1995, pp. 228 ss.

27. Vogelstein, H., «The Development of the Apostolate in Judaism and Its Transformation in Christianity» en HUCA, 2, 1925, pp. 99-123.

28. Rengstorf, K., «Apostolos» en TDNT, vol. I, pp. 407-47.

29. En relación con la función del apóstol en el cristianismo posterior, véase Vidal, C., *El judeo-cristianismo...*, pp. 228 ss.

Justicia, lo que prevalecía entre los seguidores de Jesús era una cosmovisión centrada en el hecho de que era el Mesías.

De las noticias recogidas en las fuentes se desprende que la secta de Qumrán se caracterizaba por una jerarquía rígida; por un papel predominante de los sacerdotes en el seno de la misma; por la existencia de figuras como el *mebaqqer* o supervisor; por un consejo en el que había doce personas y tres sacerdotes; por la práctica de inmersiones o bautismos rituales repetidos de manera constante; por la práctica de una ceremonia en la que el sacerdote bendecía el pan y el mosto; y por la utilización de una serie de calificativos como hijos de la luz, Nuevo Pacto, resto, etc.

Por el contrario, el grupo de Jesús tenía como nota evidente, en primer lugar, la ausencia de una jerarquía similar a la de Qumrán o a la del judaísmo del segundo templo. Ciertamente existió un grupo de doce discípulos más cercanos (y entre ellos, tres o cuatro más íntimos) e incluso tenemos noticia de un grupo de setenta (Lucas 10, 1) del que no volverá a aparecer ninguna referencia en las fuentes. Pero, por otro lado, nada nos indica (¡todo lo contrario!) que actuaran como una especie de consejo superior de los discípulos durante la vida de Jesús.

Asimismo, resulta muy relevante la ausencia de un papel predominante de los sacerdotes. En el grupo de los doce no los hubo ni tampoco Jesús creó ninguna orden sacerdotal específica paralela al del Templo de Jerusalén. Si entre sus discípulos hubo sacerdotes no nos han llegado noticias de ello. Es asimismo obvia la inexistencia de figuras como el *mebaqqer* o supervisor o de un consejo en el que había doce personas y tres sacerdotes. Jesús se limitó a instituir doce apóstoles cuya finalidad fue la de predicar de forma itinerante (Mateo 10), acompañando su mensaje de manifestaciones pneumáticas como las curaciones o la expulsión de demonios.

No menor es la diferencia en lo que se refiere a las inmersiones o bautismos repetidos de manera constante. De hecho, Jesús ni siquiera parece haber practicado el bautismo como ceremonia única en señal de conversión, aunque sí lo hicieron sus discípulos al principio del ministerio de aquél. En cuanto a una ceremonia específica en la que el sacerdote bendecía el pan y el mosto se halla completamente ausente de la práctica de Jesús y de sus seguidores. Aquél sí parece haber dado un nuevo contenido a la Cena de Pascua judía al incardinar en ella la idea de su muerte sacrificial con la que se iniciaba el Nuevo Pacto. No obstante, de nuevo, tal ceremonia no aparece conectada con la figura de un sacerdote.

Finalmente, la utilización de una serie de calificativos como hijos de la luz, Nuevo Pacto, resto, etc. suele originarse en una raíz común veterotestamentaria, si bien, descendiendo a la aplicación concreta, resulta obvio que existió una clara diferencia de interpretación. Mientras que en Qumrán estos términos servían para identificar a los judíos que pertenecían a la secta; en el caso de Jesús iban referidos a los que creyeran en él, tanto si eran judíos como si se trataba de gentiles que ocuparan el lugar de los judíos incrédulos.

Como hemos tenido ocasión de ver al analizar comparativamente al Maestro de Justicia y a Jesús, así como a los colectivos surgidos de la enseñanza de ambos, lo que resulta obvio es que las diferencias existentes resultan considerables. Tan radical separación arranca en última instancia de la muy diferente cosmovisión que ostentaban ambos puntos de referencia. Al carácter de ese mensaje dedicaremos la siguiente parte del presente estudio.

TERCERA PARTE

La enseñanza

CAPÍTULO X

El mensaje de la comunidad
del mar Muerto

En los capítulos anteriores hemos realizado un acercamiento
doble a los manuscritos del mar Muerto y a Jesús. Primero,
procedimos a estudiar y analizar comparativamente las personas del Maestro de Justicia y de Jesús. A continuación, nos
detuvimos en desgranar los paralelos y divergencias existentes
entre el grupo de Jesús y la secta del mar Muerto en áreas
como la organización, la composición social o los rituales.
Queda por ver aún lo que, muy posiblemente, constituye el
punto central de interés del presente estudio. Me refiero, claro está, al análisis comparativo entre el mensaje de la comunidad del mar Muerto y el de Jesús. En las siguientes páginas
abordaremos precisamente este aspecto central e intentaremos discernir los puntos de contacto y las diferencias fundamentales entre ambas cosmovisiones.

Para empezar, hay que señalar obligatoriamente que ambas eran netamente religiosas. Cualquier intento, por lo tanto, de intentar reducir a una de ellas al terreno de la política,
la sociología o la economía resulta por ello inadecuado y
peligrosamente reduccionista. Si el Maestro de Justicia partió
hacia el exilio de Qumrán fue por razones primordialmente
espirituales, si Jesús comenzó a anunciar el Reino de Dios se
debió también a ese tipo de causas. Quizá alguien esperaría

ver a Jesús o a los sectarios del mar Muerto culpando de los males de su tiempo al imperialismo romano, a la estructura de clases de la sociedad judía o a la necesidad de una redistribución de la riqueza. Lo cierto es que apenas puede encontrarse una imagen más lejana de la realidad que ésa. De hecho, los esenios de Qumrán llegaron incluso a ver a los *kittim* (los agresores gentiles) como ejecutores del juicio de Dios sobre un sacerdocio falseado y algo similar es lo que se encuentra en los apocalipsis sinópticos de Mateo 24, Marcos 13 y Lucas 21. Esa visión religiosa llevó a los esenios de Qumrán incluso a ver la realidad que los rodeaba de una manera radicalmente diferente a como se desenvolvía en la práctica y permite explicar la esencia de su mensaje.

De la frustración de la realidad presente a la proyección de la esperanza futura

La comunidad de Qumrán surgió, obviamente, de una frustración innegable. La victoria de las fuerzas judías capitaneadas por los Macabeos (Judas primero y luego Jonatán) no llevó consigo la realización del programa teocrático del anónimo personaje conocido como el Maestro de Justicia. Por el contrario, los vencedores dieron inicio a una nueva dinastía sacerdotal y regia y –lo que debió resultar aún más amargo– la mayoría de Israel aceptó, con mayor o menor entusiasmo, semejante acción.

El Maestro de Justicia optó entonces por retirarse al desierto a la espera de que sobreviniera el fin de los tiempos aún en su vida, de que aconteciera la venida del Mesías y de que tuviera lugar la derrota de sus adversarios espirituales. Tal esperanza supuestamente tenía que verse realizada en breve. En un plazo de tiempo que se imaginaba necesariamente breve, los escasos seguidores del Maestro de Justicia y, por supuesto, él mismo, serían reivindicados por la acción directa de Dios, mientras sus enemigos recibían el juicio terrible y legítimo de la divinidad. La esencia del mensaje era la necesidad de esperar, ya y ahora, un fin del mundo cercano en el seno de la única comunidad de práctica espiritual pura que existía. Sin embargo, aquella esperanza sería asimismo frustrada.

El adversario máximo del Maestro de Justicia atacó Qumrán, robó alevosamente sus posesiones y, poca duda cabe, humilló a sus moradores. En algún momento cercano cronológicamente a este acto, el mismo grupo experimentó divisiones internas de no escasa gravedad. La esperanza, que constituía el núcleo esencial del mensaje qumraní, no se había cumplido. Para ser sinceros, la realidad se reveló muy diferente. Ciertamente, la comunidad no desapareció, pero tampoco amaneció el mañana glorioso esperado ni se produjo la reivindicación triunfal sobre sus enemigos. El mismo Maestro de Justicia murió y fue sepultado en Qumrán sin haber contemplado el cumplimiento de sus expectativas.

Es posible que para el momento de su fallecimiento, sin embargo, el fundador de la comunidad hubiera conseguido forjar una hermenéutica de interpretación de la realidad que, aparentemente, resistía cualquier intento de observar ésta bajo una perspectiva diferente a la oficial. En virtud de esta clave interpretativa, presente, por ejemplo, en los *pesharim*, el grupo pudo conservar como esencia de su mensaje la inminente cercanía del fin sin que los sucesivos sinsabores lo indujeran al desaliento. En virtud de su peculiar manera de leer las Escrituras, si los acontecimientos evolucionaban positivamente, nacía presuntamente la esperanza de que el fin glorioso estaba cerca. Si, por el contrario, los hechos se revelaban llenos de dolor y amargura también eran considerados paso inmediatamente previo a la consumación de la Historia. En realidad, sucediera lo que sucediera, todo era susceptible de ser integrado en el mensaje apocalíptico del colectivo. Así, cuando los romanos invadieron la tierra de Israel, el hecho pudo ser interpretado como un juicio sancionador de Dios contra los apóstatas adversarios del Maestro de Justicia, y cuando Herodes el Grande accedió al trono muy posiblemente se pensó que el final de los Hasmoneos ofrecía una oportunidad de oro para llevar a cabo el programa teocrático qumraní, y lo que, presumiblemente, los empujó a abandonar el enclave situado a orillas del mar Muerto. Ambas apreciaciones se revelaron ciertamente erróneas porque los romanos no distinguirían finalmente en sus depredaciones entre seguidores u opositores del Maestro de Justicia y porque Herodes nunca estuvo dispuesto, hasta donde sabemos, a permitir que los esenios qumraníes marcaran su política. De hecho, a la muerte del monarca, volvió a imponerse el retorno a Qumrán a la espera de una consumación gloriosa que nunca llegaba, aunque se insistiera en su cercanía. Pero, pese a todo, de las fuentes se desprende la sensación de que cuanto más lejos estaba el universo de contemplar el triunfo de las tesis del Maestro de Justicia, más se aferraban sus seguidores a la tesis de que se aproximaba su cumplimiento. Por otro lado, la práctica puntillosa de un ritualismo alejado del resto de Israel debió conferir a los esenios qumraníes la convicción de que no existía alternativa espiritual a su cosmovisión. O se obedecía aquella interpretación de la Torá o se caía en las violaciones más horrorosas de la misma y, con ello, en la condenación eterna.

El contenido de la esperanza

Todo lo anterior lleva a contemplar el mensaje de Qumrán como una ideología sectaria y finimundista. De acuerdo con la misma, el fin de los tiempos se hallaba al alcance de la mano. Pronto, muy pronto, Dios irrumpiría en la Historia y todo el orden cósmico se vería trastornado. Judíos infieles y gentiles experimentarían la terrible catástrofe de ser aniquilados en un enfrentamiento escatológico con los esenios de Qumrán y, posteriormente, de ser arrojados al abismo por los siglos de los siglos.

Ante una realidad tan inminente, sólo existía, desde la perspectiva qumraní, una forma de reacción lógica y sensata. Los que fueran judíos, hombres y sanos, debían marchar a Qumrán y engrosar las filas del movimiento de los hijos de la luz. Sólo después de que rompieran sus vínculos con el mundo presente, de que maldijeran a sus integrantes, de que entraran en el seno de la secta, podrían disfrutar de la certeza de su salvación y de la seguridad de ser predestinados por Dios en el gran drama universal que les había tocado vivir. A partir de ese momento se convertirían, ya y ahora, en el pueblo del Nuevo Pacto, en los pobres de los que habían hablado los profetas, en el único y verdadero Resto de Israel, en los hijos de la luz. En medio de ellos moraban hasta los ángeles; fuera de su seno únicamente se extendía el tenebroso ámbito de acción de Belial y sus huestes. Sólo era cuestión de esperar, de esperar con fe, ya que el justo vivirá por su fe (Habacuc 2, 4), gracias a su perseverancia y a su fidelidad. Se trataba de una fe, por otra parte, vinculada a una práctica muy específica de la Ley, totalmente distinta –y mucho más rigurosa– a la de los otros colectivos religiosos dentro del judaísmo del segundo templo.

La realidad se reveló, al fin y a la postre, muy distinta a lo contemplado por los esenios qumraníes. En el año 66 d. J.C., la revuelta judía contra Roma trajo consigo la intervención, brutal y despiadada, de esta potencia en la vida de Israel. Los *kittim* no se limitaron entonces a ser el martillo de la cólera divina contra los judíos que no se adherían a las enseñanzas de Qumrán. Por el contrario, arrasaron este último

enclave también y sumieron la tierra en un marasmo de catástrofe y llanto, algo que, quizá, siquiera en parte, pudo im-
pulsar a alguno de los esenios de Qumrán a sumarse a los ze-
lotes y morir en la fortaleza de Masada, el último bastión de
la resistencia judía contra Roma. Con ello concluía la historia de los sectarios qumraníes.

Su mensaje –prescindiendo de los elementos teológicos
concretos que le servían de vía de expresión– consistía esencialmente en un anuncio de la cercanía del fin, un fin que sólo
vivirían gloriosamente los miembros de la secta fundada por el
Maestro de Justicia. Vez tras vez, la realidad desmintió la base
fáctica de tal supuesto, pero aquella incidencia repetitiva del
fracaso no pareció mellar la solidez de convicciones de los esenios qumraníes. Sólo el desastre nacional que significó la guerra del 66-73 d. J.C. acabó imponiendo la realidad de los hechos sobre su óptica sectaria y pulverizando sus esperanzas
escatológicas y con ellas la credibilidad de su mensaje.

Pese a todo, la cuestión relativa a la incapacidad de los
esenios qumraníes para revivir su movimiento espiritual no
puede ligarse únicamente al fracaso de su esperanza escatológica. De hecho, la sociología de la religión nos muestra a grupos –como las sectas milenaristas contemporáneas– que han
fracasado en sus vaticinios proféticos y han seguido existiendo con posterioridad e incluso aumentando el número de sus
adeptos. En la desaparición de la secta de Qumrán –y con
ella de su mensaje– influyeron otros factores de no escasa relevancia. Sin embargo, antes de entrar en ellos debemos examinar el contenido específico del mensaje de Jesús.

CAPÍTULO XI

El mensaje de Jesús

Un análisis de la predicación de Jesús no puede dejar de poner de manifiesto la existencia de ciertos paralelos entre su mensaje y el del Maestro de Justicia y sus seguidores. Tanto para los esenios de Qumrán como para Jesús, el diablo y sus huestes demoníacas constituían enemigos reales y de especial peligrosidad. Según Lucas 4, 2-13, el adversario de Jesús en el desierto no fue la necesidad de encontrar un sentido a su vida, la angustia vital o la duda. Se trató de Satanás en persona tentándole con sugerencias muy concretas, y no resulta lícito ver como simbólico desde nuestro siglo algo que en el siglo I d. J.C., se interpretó en un sentido rigurosamente literal. Algo similar encontramos en los manuscritos del mar Muerto, donde se muestra como algo indiscutible que la labor de los adversarios es contemplada como un flujo de acciones impulsadas por Belial y sus huestes.

Otro punto de contacto entre ambas visiones es que, como ya hemos indicado en otro lugar, ambas se pretendían medularmente judías, incluso, si se nos permite decirlo, como las únicas que hacían verdaderamente justicia al pasado y presente de Israel y a su esperanza de futuro. Por ello, en ambas se cree en un solo Dios, se produce un aferrarse a la historia anterior de Israel, se confiesa la esperanza mesiánica, se espera una resurrección final de justos e injustos –con su secuela de bendición y de castigo eternos– y se afirma que los poderes angélicos del bien y del mal actúan claramente en la historia vivida en el momento.

Finalmente, tanto Jesús como los esenios de Qumrán coincidían en el hecho de afirmar que toda la humanidad –incluyendo a sus mejores miembros– era pecadora y, por ello, nunca podía ser declarada justa ante Dios por sus propios méritos. En otras palabras, a menos que Dios tomara las riendas de la salvación, nadie podría salvarse. Por eso precisamente, ni Jesús ni los seguidores del Maestro de Justicia podían aceptar visiones como la de algunos fariseos que pretendían que el hombre podía ser declarado justo ante Dios por su obediencia a la Torá. Esto resultaba una imposibilidad material, siquiera porque nadie cumple la Torá en su totalidad, siempre y en todo lugar.

En todos y cada uno de estos aspectos coincidían Jesús y los esenios de Qumrán. Pese a todo, aunque existiera esa similitud en algunas notas, no es menos cierto que la forma de vivir el presente, así como de interpretar los tiempos, aparece en las fuentes emanando de una cosmovisión radicalmente distinta. En las páginas siguientes, apuntaremos a las directrices esenciales del mensaje de Jesús y lo contrastaremos con el de Qumrán.

El Reino frente a los poderes del mal

Tanto los esenios de Qumrán como Jesús consideraron que vivían en una época decisiva para la historia universal. Ésta iba a quedar marcada por una serie de eventos que o ya se habían iniciado o que estaban a punto de producirse. Desde el punto de vista de Jesús, la recepción del Espíritu Santo en el momento de su bautismo (Lucas 3, 16b) había sido la señal del comienzo de la tarea mesiánica y, muy posiblemente, así hay que entender el episodio acontecido en la sinagoga de Nazaret cuando se identificó con el Mesías profetizado en Isaías 61, 1 ss. (Lucas 4, 1 ss.). Los discípulos del Maestro de Justicia consideraron, por otro lado, que el comienzo de la gran obra de Dios había tenido lugar una veintena de años antes de la aparición del Maestro de Justicia (CD 1), pero que el surgimiento de éste había resultado definitivo para saber que el fin estaba cerca.

Las fechas y el acontecimiento inicial diferenciaban ambos puntos de vista ya que para Jesús ya había venido el Reino (Lucas 17, 20-1) y para los sectarios del mar Muerto ésa era una esperanza todavía futura. Por otro lado, aunque ambos coincidían en que la realidad presente era mala –la misma política es descrita también en Lucas 4, 5-8 y Mateo 4, 8-10 como un sistema controlado por Satanás– y que se encontraba manejada por fuerzas demoníacas, sin embargo, los esenios sólo esperaban que llegara el momento elegido por Dios para empuñar las armas y derribarlo, mientras que Jesús anunciaba que el final del sistema se estaba ya produciendo y que la violencia para precipitarlo no era lícita en ningún caso. Parábolas como las del sembrador, la cizaña, la levadura o el grano de mostaza (Mateo 13 y par) indican que el tiempo que pasaría entre el inicio del Reino y su consumación final era indefinido, pero que, una vez comenzado, el resultado era ya imparable. El Reino avanzaba y colisionaba indefectiblemente con los adversarios de Dios encabezados por el Diablo. A éste se atribuía el sembrar cizaña (Mateo 13, 37 ss.) y el arrancar el mensaje del Reino de algunos corazones (Mateo 13, 18 ss.). Precisamente por esto podemos entender que buena parte del ministerio de Jesús estuviera relacionado con la expulsión de demonios,[1]

1. En puridad, no pueden calificarse de exorcismo tales actos. El exorcismo requiere un ritual mínimamente elaborado. En el caso de Jesús, se nos dice que los demonios salían mediante una simple represión. La diferencia se mantuvo entre los seguidores de Jesús, como demuestra el episodio del exorcista judío Escera (Hechos 19, 11-20).

algo que no encuentra paralelos en los manuscritos del mar Muerto. Mientras que en éstos se llega a prescribir, presumiblemente, la pena de muerte contra delitos cometidos en el caso de posesión demoníaca, en los relatos acerca de Jesús vemos a éste enfrentándose directamente con los demonios. Éstos no le pueden resistir con expectativas de éxito (Lucas 10, 18-20) y, tanto por lo que aparece en los datos evangélicos como talmúdicos (Mateo 12, 22-30; Marcos 3, 20-7; Lucas 11, 14 ss.) sabemos que la realidad de tal práctica era admitida por sus propios enemigos, si bien éstos la achacaban a algún pacto de corte satánico establecido entre Belcebú y Jesús. Para éste, sin embargo, sus expulsiones de demonios constituían una prueba de que el Reino de Dios ya había llegado (Mateo 12, 28; Lucas 11, 20).

Ya hemos indicado que ni los esenios del mar Muerto ni Jesús parecen haberse tomado a la ligera la cuestión de la existencia de seres demoníacos, pero la manera de afrontar la situación fue radicalmente distinta. En el primer caso, la represión directa sobre la víctima; en el segundo, la liberación de ésta como fruto de una clara manifestación de poder taumatúrgico y divino. Así, en Lucas 11, 24-6 se nos muestra que Jesús incluso enseñó que los demonios, si no son sustituidos por la aceptación del mensaje que él predicaba, podían regresar después de haber sido expulsados de alguien y que, entonces, la situación del infeliz resultaría mucho peor.

La segunda gran fuerza del mal que Jesús y los esenios del mar Muerto percibieron como enemiga suya era la autojustificación religiosa. Para los primeros, ésta impedía esperar correctamente el triunfo de Dios. Para el segundo, constituía un claro obstáculo a la aceptación del Reino ya presente. La enseñanza de los manuscritos del mar Muerto y de Jesús era que toda aquella teología o práctica religiosa que no apuntara a ellos como camino de salvación y buscara ésta en las propias obras era condenable.

Las referencias al respecto son muy numerosas. Ya vimos la manera en que el Maestro de Justicia insistía en la imposibilidad de que el hombre fuera declarado justo por sus méritos ante Dios. Jesús, por su parte, arremetió contra aquellos que abrumaban a la gente con preceptos religiosos (Mateo 23, 1-36; Marcos 12, 38-40; Lucas 11, 46; 20, 45-7); que gustaban de los primeros lugares y de la pompa en las celebraciones religiosas (Lucas 11, 43 y par.); que habían monopolizado la docencia de la palabra de Dios pero sin enseñar al pueblo ni tampoco aprender ellos (Lucas 11, 52 y par.); que obedecían reglas externas de limpieza ritual, pero no se habían preocupado de que su corazón fuera limpio (Lucas 11, 37-9a y par.); que se centraban en preceptos legalistas olvidando lo más importante de la ley de Dios, su justicia y su amor (Lucas 11, 42 y par.); y que estaban dispuestos, en suma, a acabar con todos aquellos que se les opusieran directamente (Lucas 11, 43-54). Entre esta gente habría podido incluir, sin duda, a los esenios a los que se podía aplicar el reproche de enseñar que había que odiar a los enemigos (Mateo 5, 43 ss.) o de excluir a los inválidos de su congregación (Lucas 14, 21 ss.).

Las diferencias entre Jesús y los esenios de Qumrán no terminaban aquí. Estos últimos atribuían, finalmente, la diferente actitud del hombre, fuera de aceptación o de rechazo, a un decreto de predestinación promulgado por Dios desde la eternidad. Si el hombre, al fin y a la postre, alcanzaba la salvación, se debía a que Dios así lo había decidido —por supuesto, también podía haber decretado su ruina eterna— y acababa entrando en el grupo de Qumrán cumpliendo con sus requisitos.

Como ya vimos, el punto de vista de Jesús era totalmente distinto. Por un lado, identificaba detrás de la maldad un impulso diabólico y, aunque no descartaba la idea de la elección

–más bien todo lo contrario (Juan 6, 44; 6, 65; 17, 12; 18, 8-9, etc.)–, no por ello el hombre dejaba de ser responsable de sus actos. El ser humano era, finalmente, el que decidía y tomaba una resolución relativa a su destino eterno. Cuando ésta tenía lugar no iba referida, sin embargo, a una organización religiosa –como sucedía con los esenios del mar Muerto– sino a una persona concreta, a Jesús. Según su mensaje, para acercarse a Dios hay que ir a través del Hijo, que es el único que lo conoce (Mateo 11, 25-7; Lucas 10, 21-2; Juan 14, 6). Actuar de otra manera sólo equivalía a dejarse enredar por otros mensajes quizá religiosos, pero en cualquier caso infructuosos.

Frente a la realidad negativa controlada por el diablo se erguía, a la vez, la realidad luminosamente positiva del Reino que podía percibirse en las obras de Jesús, especialmente en sus expulsiones de demonios (Lucas 17, 20-1) y curaciones (Lucas 13, 32). De hecho, cuando los discípulos de Juan el Bautista acudieron a Jesús para preguntarle si era el que había de venir, la respuesta de Jesús fue contundente. Curaba enfermos y expulsaba demonios, por lo tanto, bienaventurado aquel que no se escandalizara de él (Mateo 11, 2-19; Lucas 7, 21).

Tanto para Jesús como para los esenios de Qumrán el mal constituía una realidad innegable y Dios, la única esperanza frente al mismo. Ahora bien, mientras para el primero ese enfrentamiento final ya había dado inicio, para los segundos no pasaba de ser una expectativa futura; mientras para el primero implicaba la existencia de un paréntesis temporal indefinido, para los segundos se trataba de una realidad cercana que sería de breve duración. No menos dispar era su visión de la situación humana. Ambos reconocían la incapacidad del ser humano para poder obtener salvación por los medios propios. Pero, en el caso de la secta qumraní, ésta era obtenible mediante la entrada en su seno para guardar la Torá según el entender concreto del mismo; en el caso de Jesús, el reconocer que es impo-

sible para el hombre salvarse por sus obras debía ir acompañado de un paso aún más trascendental, el de aceptar la salvación
que sólo se encontraba en el Mesías (Lucas 18, 9-14; Juan 3,
16; 5, 24-7; 6, 40-5; 6, 28-9).

La imperativa necesidad de tomar una decisión

Precisamente porque tanto los esenios qumraníes como Jesús
creían en lo cierto de su enfoque, en los dos casos nos encontramos con una circunstancia que puede, ciertamente, resultar chocante para la mentalidad contemporánea. Si, por un
lado, se pretendía la existencia de una lucha feroz entre el mal
(Satanás y sus acólitos) y el bien (la comunidad del Maestro
de Justicia; Jesús y el Reino iniciado por él); por el otro, se
afirmaba que había que tomar partido en semejante confron-
tación y que no podía existir la posibilidad de adoptar actitudes de neutralidad frente a la misma. Ése es, sin lugar a duda,
uno de los elementos que resultan más patentes en los documentos que han llegado a nosotros, aunque, una vez más, el
tratamiento de esta cuestión era diverso entre los esenios de
Qumrán y en Jesús. Para los primeros, ni gentiles, ni mujeres,
ni inválidos tenían posibilidad de formar parte de la secta.
Simplemente, el llamado no era para ellos y tal cuestión no
planteaba problemas morales, ya que Dios era el que había
excluido a esas personas.

El enfoque de Jesús resultaba diametralmente opuesto.
Para empezar, partía de la base –como ponen de manifiesto
las parábolas de la oveja perdida y de la dracma perdida (Lucas 15, 1-7 y Lucas 15, 8-10) y, muy especialmente, la del
hijo pródigo (Lucas 15, 11 ss.) de que todos se habían extraviado y que la misión del Mesías era ir en su busca y recupe-
rarlos. Como ha recogido el evangelio de Lucas 5, 31-2, al

igual que el médico atiende a los enfermos y no a los sanos,
él había venido a buscar a los pecadores y no a los justos. De
hecho, las mismas puertas del Reino estaban abiertas a los no
judíos si acogían con fe la llamada. Lo triste no era que los no
judíos fueran a entrar en el Reino (¿acaso no era misión del
Mesías-siervo iluminarlos? (Isaías 49, 6)). Lo auténticamente
trágico (Mateo 8, 11-12; Lucas 13, 28 ss.) iba a ser que muchos judíos, los hijos del Reino, se iban a quedar fuera a causa de su incredulidad. El relato referente al centurión de Ca-
farnaum (Mateo 8, 5-13; Lucas 7, 2-10), cuyo criado fue
sanado por Jesús o el referente a la mujer sirofenicia cuya hija
fue curada por Jesús (Marcos 7, 26 ss.); las noticias sobre el
hombre de Gadara (Mateo 8, 28-34; Lucas 8, 26-39) o sobre
otros paganos socorridos por Jesús (Mateo 4, 24-5) muestran
que éste, lejos de ser un furioso nacionalista, un zelote, un judío que restringía el amor de Dios sólo a Israel, anunció e
hizo extensible la bondad y la salvación divinas a todos los seres humanos prescindiendo de su condición racial, nacional,
social, económica o sexual. Llamaba a todos porque todos
–incluso Nicodemo el maestro de la Torá (Juan 3, 1 ss.)– estaban perdidos y extraviados hasta el punto de que aquellos
que se consideraban buenos, al estilo de los fariseos, eran los
que más lejos estaban de poder entrar en el Reino.[2] Pero ante
esa llamada de Dios realizada en la persona de su Hijo Jesús
había que responder rápidamente.

Naturalmente, todo ofrecimiento corre el riesgo de encontrarse con el rechazo. Tanto los esenios de Qumrán
como Jesús abordaron lógicamente la problemática de lo
que sucedería con los que se excusaran, con los indiferentes,

---

2.   Un análisis muy lúcido de esta cuestión en Jeremias, J., *La pro-
mesa de Jesús para los paganos*, Madrid, 1974. Véase también: Vidal, C.,
El judeo-cristianismo...

con los apáticos y ambos expresaron la plena convicción de que sólo implicaría su ruina eterna. Sin embargo, es obvio que en la enseñanza de Jesús la necesidad de llamar a otros sin distinción está muy acentuada. Un ejemplo de esa visión lo encontramos en la parábola del banquete (Lucas 14, 15 ss.), así como en otros pasajes similares. Cabe incluso la posibilidad de que esta enseñanza concreta fuera dirigida contra los esenios de Qumrán ya que éstos, como vimos, no admitían a ciertas personas en su congregación, como era el caso de los inválidos. Jesús, por el contrario, hacía extensivo su llamamiento a todos, sin excluir a los pobres, los mancos, los cojos y los ciegos (Lucas 14, 21). Todos podían acudir, pero los que no lo hicieran, aunque fuera por indiferencia, se quedarían fuera y padecerían el suplicio del infierno (Lucas 10, 15; 12, 5).

Ni siquiera Israel, el milenario pueblo de Dios, podía esperar otro juicio y en eso también coincidían los esenios de Qumrán y Jesús. Los primeros se complacieron en ver a Pompeyo profanar el templo porque eso indicaba que Dios no podía sentir agrado en un culto incorrecto. El segundo, no con placer sino con lágrimas en los ojos, señaló que a Israel se le pediría cuenta por los profetas rechazados (Lucas 11, 49-51) y que, finalmente, su templo –en cuyo culto él mismo había participado– sería arrasado (Lucas 13, 34-5) por no haber escuchado al Hijo de Dios.

Una visión como ésta no encajará seguramente en los prejuicios de muchas personas. Se ha especulado tanto con un supuesto mensaje ocultista y esotérico de los sectarios de Qumrán y se ha insistido tanto en pergeñar un retrato almibarado de Jesús que este aspecto de la enseñanza de ambos puede incluso repeler a algunos. Tal sentimiento en ningún caso debe llevar al historiador a suprimir arbitrariamente los datos que aparecen en las fuentes históricas. Dado que la permisividad es un valor especialmente apreciado en algunas de las sociedades de nuestro tiempo, pensamos que lo mismo debería suceder con los sectarios del mar Muerto y con Jesús. Tal actitud constituye un craso error. Los esenios del mar Muerto no creyeron en más alternativas que la salvación con ellos o la condenación sin ellos. Jesús fue, si cabe, más radical. Había venido a enfrentarse con las fuerzas demoníacas y a salvar a los perdidos. Seguramente muchas personas se excusarían, no responderían o considerarían suficiente (o incluso superior) su propia práctica religiosa. Sin embargo, debían saber que tal actitud no sólo no era legítima sino que además tendría como única consecuencia su condenación eterna. En otras palabras, aquí y ahora, de manera urgente y radical, había que decidirse por el Reino de Dios. Esta situación resultaba algo tan acuciante que había que actuar ya, inmediatamente, igual que haría un comerciante de perlas que encontrara una de valor excepcional y vendiera todo por conseguirla (Mateo 13, 45-6) o un hombre que descubriera un tesoro en un campo e hiciera todo lo posible por adquirirlo (Mateo 13, 44). Cualquier coste, cualquier renuncia, cualquier sacrificio resultaban más que razonables ante una perspectiva semejante.

La nueva vida

Obviamente, el seguir a Jesús o integrarse en Qumrán se desprendía como consecuencia lógica de la toma de una decisión espiritual. Sin embargo, ¿qué significaba ser un discípulo del Maestro de Justicia o de Jesús en términos concretos? La respuesta a la primera pregunta la hemos ido desgranando poco a poco a lo largo de la presente obra. En primer lugar, implicaba reconocer la incapacidad propia para la salvación, la corrupción del sistema religioso judío de la época y la necesidad de obedecer meticulosamente la ley de Moisés según la interpretación específica del Maestro de Justicia. En segundo lugar, y esto era indispensable, implicaba dejar el mundo, marchar al desierto y allí llevar una vida de oración, trabajo y estudio de las Escrituras, a la espera del fin de la historia, en un régimen continuo de purificaciones, sometimiento jerárquico y comunidad de bienes, de acuerdo con un meticuloso conjunto de normas cuya violación podía, en algún caso al menos, llegar a significar la propia muerte. Se trataba de una cosmovisión, como ya indicamos en el capítulo anterior, sectaria (la salvación sólo se hallaba en el grupo) y finismundista (el fin del mundo actual se hallaba muy cerca).

La visión de Jesús fue radicalmente distinta. Para empezar, él mismo no fue un legalista. Ciertamente, creía en la importancia de orar y enseñó a sus discípulos, a petición de ellos, cómo hacerlo componiendo la plegaria más hermosa de todos los tiempos (Mateo 6, 9 ss.; Lucas 11, 1-4; 11, 5-13). También dio por bueno y vigente el contenido de la Torá (Lucas 16, 17). Sin embargo, resulta aún más obvio que se manifestó flexible en lo que al cumplimiento del sábado se refería hasta el punto de adoptar actitudes intolerables para algunos de sus contemporáneos (Lucas 14, 1-6; Juan 5, 18). Asimismo, cuestionó el mandato del diezmo subordinándolo a las cosas más importantes de la ley de Dios, su justicia y su amor (Lucas 11, 42). De las diversas fuentes históricas referidas a Jesús, tanto si provenían de sus partidarios (Documento Q, Evangelios sinópticos, evangelio de Juan, etc.) como de sus adversarios (Talmud, Toledot Yeshu, etc.) se desprende que aquél parece haber concebido la ética que debían adoptar sus seguidores —que sólo eran los que habían reconocido su situación pecaminosa y habían acudido a él arrepentidos y dispuestos a seguirle— girando en torno a tres ejes: la presencia continua del Espíritu Santo, la fe en el cuidado providente de Dios y la práctica del amor en un sentido radical del término.

Como ya hemos visto, tanto Jesús como el Maestro de Justicia y sus seguidores manifestaron un especial interés en la acción del Espíritu Santo.[3] De hecho, para Jesús era impensable la existencia de un discípulo desvinculado de la presencia del Espíritu Santo, de ahí que ordenara a los suyos que lo pidieran en la oración (Lucas 11, 13), convencidos de que era lo mejor que podían recibir de Dios. En la visión de Jesús, el Espíritu Santo no era recibido mediante la realización de una serie de prácticas cúlticas —como parece entenderse, por ejemplo, en los documentos del mar Muerto— sino por el puro y gratuito amor de Dios que sólo podía ser recibido a través de la fe. Por eso mismo es comprensible (Mateo 10, 8; Lucas 10, 9 ss.) que Jesús esperara que sus discípulos predicaran su mensaje, pero que, a la vez, esa predicación fuera unida de manera prácticamente indisoluble a fenómenos pneumáticos como la curación de enfermos o la expulsión de demonios. Ambos hechos, que aparecen profusamente en las fuentes referidas a Jesús y sus seguidores, incluso en obras debidas a sus adversarios, dan la impresión de estar ausentes en la literatura de Qumrán. El Espíritu Santo debía ser la guía de los discípulos (Lucas 12, 11-2), aunque éstos podrían estar también seguros de que semejante situación no los salvaguardaría de la oposición ni de que algunas personas blasfemaran contra el mismo (Mateo 12, 32 ss.; Lucas 12, 10). Lo primero, pues, que debía caracterizar a los seguidores de Jesús era una vivencia del Espíritu Santo que

3.   En el resto del judaísmo del segundo templo posiblemente el interés no era tan acusado pero se creía que iba a producirse una nueva y espectacular manifestación del Espíritu Santo en los tiempos finales. Al respecto véase: Salmo 74, 9; Apocalipsis de Baruc 85, 1-3; Tosefta de Sota 13, 2. Estudios sobre el tema en Strack-Billerbeck, Oc, IV-2, pp. 1.229 ss. y Gunkel, H,, *Die Wirkungen des Heiliges Geistes nach der populären Anschauung des apostolischen Zeit und der Lehre des Apostels Paulus*, 1909, pp. 50 ss.

tendría como resultado manifestaciones de poder, pero no del poder político que ansiaban grupos religiosos como los saduceos o los fariseos sino un poder espiritual, pneumático, demostrado en curaciones taumatúrgicas y en liberaciones demoníacas (Lucas 10, 9) y, sobre todo, en una nueva vida.

Lejos de ser concebida como algo meramente espiritualista, esta vivencia de los discípulos debía ser vivida en la continua cotidianeidad, una cotidianeidad que transcurría entre otros seres humanos y no apartados en un monasterio como era el caso de Qumrán. De ahí que tuviera que manifestarse asimismo en una fe absoluta en el cuidado divino. Jesús manifestó su comprensión ante el hecho de que los paganos tejieran su vida en torno a lo material y de que se angustiaran por aspectos como la comida o el vestido. En no poca medida, eso era lo natural. Pero el caso de los discípulos tenía que resultar absolutamente distinto (Mateo 6, 25 ss.; Lucas 12, 22 ss.). Éstos no deberían dejarse amilanar por la inquietud provocada por el día de mañana ni tampoco por los problemas relacionados con las posesiones materiales o con su seguridad personal. Su primer y primordial foco de atención debía ser vivir de acuerdo a los principios del Reino de Dios. Si estaban viviendo la vida del Reino, debían confiar en que el Dios que se hacía cargo de vestir a las flores o alimentar a los pájaros haría lo mismo con ellos. Por ello, lo que primero debía buscar el discípulo era el Reino de Dios y una justicia digna del mismo. Lo otro ya sería otorgado por Dios de acuerdo con su carácter de bondad, amor y generosidad (Mateo 6, 31-4; Lucas 12, 31). Olvidar este aspecto, no por prosaico menos importante, podía colocar a los seguidores de Jesús en una preocupación material que, como en el caso de algunos fariseos, acababa derivando en la avaricia (Mateo 16, 5-12).

Sólo una persona que confiara incondicionalmente en Dios y que permitiera al Espíritu Santo guiar su existencia podía embarcarse en la última dimensión de la nueva vida: el amor. Éste fue entendido por Jesús de una manera muy específica que proporciona una radical originalidad a su mensaje. En el caso de Jesús, el comportamiento hacia los demás, y ésa es su nota característica esencial, no debería limitarse a no causar daño a otros sino que tendría que ampliarse hasa llegar al amor hacia los enemigos (Mateo 5, 38-48; Lucas 6, 27). Tal conducta, como ya vimos, habría resultado repugnante para un esenio de Qumrán, obligado a maldecir a sus adversarios teológicos al entrar en la secta en el curso de un ceremonial que se repetiría mientras durara su vida en la misma vez tras vez. Incluso los esenios de Qumrán esperaban aquella época –y algunos la creyeron llegada hacia el año 66 d. J.C.– en que abandonarían su retiro para empuñar las armas y combatir contra los *kittim* y los judíos infieles. La enseñanza y la actitud de Jesús fueron radicalmente opuestas.

Hoy por hoy, no cabe duda de que la enseñanza del amor es medularmente propia de Jesús y que no se da de la misma manera en el seno de ninguna otra enseñanza moral. Como mucho, tanto judíos como no judíos habían llegado a la fórmula, por otro lado admirable, de «no hagas a otro lo que no deseas que te hagan a ti». El rabino Hil·lel había incluso señalado en el siglo I a. J.C., que en no hacer daño al prójimo se resumía la Torá. No resulta extraño que aquellas visiones fueran limitadas en relación con la enseñanza de Jesús porque, realmente, ¿quién tiene deseo –no digamos capacidad humana– para amar a sus enemigos? Pero la enseñanza de Jesús trascendía esos límites. Implicaba amar al enemigo, hacer el bien a los que nos aborrecen, bendecir a los que nos maldicen, orar por los que nos denigran y renunciar a todo tipo de violencia incluida la defensiva (Mateo 5, 38-48). Que una ética de esa especie exige una fe templada y una confianza absoluta en el Espíritu Santo resulta difícil de rebatir. La misma historia del cristianismo muestra cómo muy pocos grupos (algunas órdenes monásticas, los valdenses medievales, los Hermanos checos, los anabautistas suizos y holandeses del s. XVI, los cuáqueros del XVII, etc.) estuvieron dispuestos a llevar su obediencia a las enseñanzas de Jesús hasta ese extremo. En la inmensa mayoría de los restantes casos, se aceptó, siquiera fácticamente, el argumento que en su día formuló el estudioso judío J. Klausner:[4] «esta ética individualista y extremista [...] ni la sociedad, ni el Estado, ni la nación estaban en condiciones de soportar(la).» Ciertamente, no hay Estado que pueda mantenerse en pie sobre el principio de ofrecer la otra mejilla, orar por los enemigos o bendecir al que lo denigra e, históricamente, no puede negarse que aquellas naciones que se han pretendido cristianas prefirieron sobrevivir abdicando de esta parte esencial de la enseñanza de Jesús antes que extinguirse manteniéndose fieles a la misma. Su fe, ortodoxa en muchos aspectos, no llegaba hasta el extremo de pensar que la providencia de Dios respaldaría su obediencia radical a las enseñanzas de Jesús y cubriría la escasez de espadas.

Sin embargo, Jesús vio las cosas de una manera bien distinta a como las han contemplado no pocos de sus presuntos seguidores. Afirmó que todos los gobiernos estaban bajo el control del diablo (Mateo 4, 8 ss.; Lucas 4, 5 ss.) y que para seguirle era necesaria una fe excepcional en él que no sólo confiara en que Dios proveería el pan nuestro de cada día (Mateo 6, 11), sino protección frente a la violencia. Para colmo, Jesús se consideró investido de una autoridad divina y, por ello, no se sintió nunca impelido a rebajar el listón del discipulado. Juan ha recogido en su Evangelio (Juan 6, 66 ss.) un episodio, sin duda histórico, y claramente explicativo de esta actitud. Cuando Jesús se negó a optar por una alternativa política

4. Klausner, J., *Jesús de Nazaret*, Buenos Aires, 1971, p. 405.

–algo que hubiera implicado el recurso a la violencia– muchos de sus seguidores desertaron de su lado. Sin duda, se sentían desilusionados porque la visión específica del hombre de Galilea era demasiado espiritual para su gusto. Sin embargo, la reacción de Jesús estuvo desprovista de concesiones. Inmediatamente preguntó a los componentes del grupo de los doce si ellos también estaban dispuestos a marcharse pero en absoluto planteó una tercera alternativa más liviana y llevadera.

Un estudio riguroso de las fuentes presenta a Jesús como alguien nada inclinado a mendigar el apoyo o el seguimiento de la gente. Él se limitaba a presentar ante el ser humano la opción de aceptarlo o rechazarlo. El que lo aceptara tendría que llevar una vida con arreglo al carácter del Dios predicado por Jesús, un Dios que era bueno y misericordioso incluso con los malos (Mateo 6, 44-5; Lucas 6, 35 y Lucas 6, 36) y cuya mayor prueba de amor era que Jesús había venido en busca de los que se habían extraviado (Lucas 15, 4-7 y Lucas 15, 8-10). El uso de la violencia quedaba, por lo tanto, descartado.

La nueva comunidad

Al mismo tiempo, Jesús manifestó un especial interés en aglutinar a su alrededor un colectivo que viviera de acuerdo con estos principios del Reino. El Sermón del Monte (Mateo 5, 7) es absolutamente inaplicable a la convivencia entre naciones e incluso a las relaciones entre individuos pero Jesús lo concibió como la vía de conducta ineludible de sus seguidores. Hasta qué punto tal visión resultaba contracultural es algo que resulta difícil de comprender, pero que, históricamente, resulta innegable.

En el seno de esa comunidad mesiánica, la idea del poder era impensable y debería ser sustituida por el concepto de servicio humilde y abnegado a todos (Marcos 10, 42-5). En

cuanto a conceptos indispensables para la convivencia cotidiana como el de la sanción o la aplicación de la justicia deberían ser sustituidos por el perdón incondicional (Mateo 18,
23-35). Frente a ordenamientos jurídicos –como el de Qumrán– caracterizados por onerosas sanciones que no descarta-
ban la aplicación de la pena de muerte, Jesús proponía un espíritu de preocupación por el hermano pecador que nunca
iría más allá de la reprensión fraterna tendente a su recupera-
ción (Mateo 18, 15-22).

Jesús coincidió con los esenios de Qumrán en la firme
creencia de que el presente sistema, el anterior a la irrupción
definitiva del Reino de Dios, es absolutamente irredimible.
En realidad, entre bambalinas, el mismo Diablo tira de sus
hilos y pone y quita a sus gobernantes (Lucas 4, 5-8). La alternativa, por lo tanto, era constituir un colectivo donde se
viviera de manera diferente en torno a unos valores absolutamente distintos. Pero a la hora de llevar a la práctica esa
realidad, los caminos seguidos resultaron diametralmente
opuestos. Para el Maestro de Justicia y sus seguidores se im-
ponía retirarse del mundo y recluirse en un monasterio. Para
Jesús se hacía imperativo vivir en medio del mundo pero sin
ser parte de él (Juan 18, 36) entregándose a la tarea de pro-
porcionarle sal y luz (Mateo 5, 13-6).

La consumación de los tiempos

La secta de Qumrán vivió pendiente, desde su misma fundación, del final de los tiempos. Como vimos en el capítulo anterior, ése fue uno de los motores que impulsó la vida espiritual de la misma y que, incluso, impidió que desapareciera
pese a sus continuados fracasos a la hora de analizar el presente. Jesús también habló de la consumación de los tiempos,

pero su enfoque resultó radicalmente distinto. Que Jesús previó un tiempo intermedio, de duración indeterminada, entre el inicio de su predicación y su regreso como Hijo del hombre para juzgar al mundo es algo que resulta difícil de cuestionar.[5] Parábolas, como las del grano de mostaza y la levadura, que aparecen en Mateo 13, 31 ss. o Lucas 13, 18-21, hacen referencia a un inicio sencillo y humilde del Reino que sólo con el paso del tiempo llegaría a su consumación definitiva. Este punto de vista cuenta con paralelos en el judaísmo que ya hemos examinado en otro lugar[6] y que iban referidos a la creencia en un Mesías que se manifestaría, para luego desaparecer y quedar oculto, y regresar finalmente.

Una vez más, la originalidad de Jesús no radicó en la sustentación de determinada interpretación del Antiguo Testamento sino en afirmar que el personaje que la protagonizaría era él. En el curso de ese tiempo intermedio, situado entre el inicio del Reino con Jesús y la consumación en un punto indeterminado del futuro, también llevada a cabo por él, deberían producirse dos hechos de especial importancia. El primero sería el rechazo y la muerte de Jesús (Mateo 16, 21 ss.; Mateo 21, 33 ss.; 26, 6-12 y 24-9; Marcos 8, 31 ss. o Lucas 9, 22 ss.) que como ya vimos fue anunciada por éste de manera explícita y simbólica y derivaba de su autoidentificación con el Siervo de YHVH de Isaías 52, 13-53, 12. Aquella muerte era indispensable. De hecho, a menos que tuviera lugar, no se produciría la consumación. Como se enseñaba en el canto del Siervo de Isaías 53, hasta que éste no hubiera muerto en expiación por los pecados, ni vería luz ni disfrutaría del resultado de su esfuerzo. El segundo acontecimiento

---

5.　En este mismo sentido, véase Bruce, F. F., *New Testament History*, Nueva York, 1980, p. 177.

6.　Véase Vidal, C., *El judeo-cristianismo...*, pp. 308 ss.

sería, de manera ciertamente lógica, el rechazo de sus discípulos (Lucas 17, 22 ss.). Se trataría de una persecución en medio de la cual se les intentaría desorientar con anuncios falsos o de perspectivas engañosas, aunque si ellos se mantenían fieles, podrían contemplar el triunfo del Hijo del hombre en su venida. La consumación sería entonces total. Los doce apóstoles nombrados directamente por él juzgarían a las doce tribus de Israel (Lucas 22, 28-30); los que hubieran aceptado el ofrecimiento de Jesús reinarían con él, recibiendo su recompensa en los cielos donde ya estaban escritos sus nombres (Lucas 6, 23; 10, 20; 12, 33) y, finalmente, aquellos que no hubieran aceptado a Jesús o que se hubieran apartado de la fidelidad plena a sus enseñanzas en este período intermedio se verían enfrentados con la horrible expectativa del juicio y la condenación (Lucas 10, 13-5; Lucas 12, 4-6; Lucas 17, 22 ss.) en el fuego eterno destinado para el Diablo y sus ángeles (Mateo 25, 41-46). La historia habría llegado así a su fin y los seres humanos que hubieran pasado por ella quedarían eternamente separados de acuerdo con su actitud hacia Jesús al igual que se separan los peces buenos de los malos tras atraparlos con una red (Mateo 13, 47-50) o se diferencia el trigo de la cizaña durante la cosecha (Mateo 13, 36-43). El Reino de Dios, que había comenzado con la aparición de Jesús, se extendería entonces —como habían anunciado muchos siglos atrás los profetas— sobre todo el cosmos. La Historia habría llegado a su fin o, quizás, a su verdadero principio.

CAPÍTULO XII

Conclusión: ¿por qué pereció la secta de Qumrán y sobrevivió el grupo de Jesús?

Como hemos tenido ocasión de ver en los capítulos anteriores, tanto la secta de Qumrán como el grupo aglutinado en torno a Jesús constituyeron movimientos radicalmente espirituales. En los dos casos, además, el fundador sufrió la oposición de sectores sociales de enorme importancia (la aristocracia sacerdotal, parte de los fariseos, etc.) y, finalmente, experimentó una muerte trágica, bien porque sus expectativas quedaran sin cumplir (el Maestro de Justicia) bien porque fuera el resultado de una ejecución ignominiosa (Jesús). En buena lógica, esto debería haber significado el final de los colectivos fundados por ellos. No fue así. El grupo qumraní siguió existiendo hasta finales del s. I d. J.C. En cuanto a Jesús, es obvio que cuenta con seguidores incluso en el día de hoy. Ambos, ciertamente, sobrevivieron pero durante períodos cronológicos considerablemente distintos. Eso nos obliga a plantearnos la pregunta que da título a esta conclusión: ¿por qué, siendo ambas visiones religiosas y específicamente ligadas con el judaísmo, una, la de Jesús, sobrevivió y la otra, la de Qumrán, no? Como todas las preguntas, esta cuestión es susceptible de provocar respuestas que, en apariencia, parezcan contestar pero que, realmente, no analicen la cuestión en profundidad. Alegar, por ejemplo, que los esenios de Qumrán perecieron a causa del ataque de las legiones romanas, mientras que los cristianos no se vieron sometidos a semejante prueba, resultaría un paradigma de ese tipo de respuesta. Lo cierto es que si Jesús fue muerto bajo el poder de Poncio Pilato, Pedro y Pablo, por citar sólo dos ejemplos de relevancia, fueron ejecutados por orden de Nerón. Por otro lado, el cristianismo soportaría en el espacio de casi tres siglos repetidas persecuciones imperiales en algún caso de considerable envergadura y aspereza. La respuesta a la pregunta formulada en torno al tema de por qué un colectivo sobrevivió y el otro no, hay que buscarla, por lo tanto, en el terreno del contexto político. En realidad, la misma se halla en el examen de los fenómenos de corte religioso. Visto el problema desde esa perspectiva, resulta obvio que los esenios de Qumrán estaban condenados, más tarde o más temprano, a agostarse como movimiento espiritual.

En primer lugar, la enseñanza de Qumrán era ferozmente particularista. Ni mujeres, ni judíos que no fueran ferozmente legalistas ni, ¡mucho menos!, los gentiles podían sentirse atraídos por ella. Planteaba la idea de una salvación por obras ligada a la vinculación a una organización rígida y legalista, compuesta sólo por personas que se esforzaban cada minuto por ser perfectas, de acuerdo con las rígidas normas que los llevaban a estar separados del mundo. Sin duda, aquello planteaba atractivos para algunos pero, en general, resultaba excesivo para la mayoría que, además, cuestionaría, posiblemente no sin razón, la santidad de los sectarios. Al igual que otros movimientos monásticos a lo largo de la Historia, los seguidores del Maestro de Justicia estaban condenados a un cierto crecimiento inicial seguido por una languidez que, más tarde o más temprano, significaría su final.

Enquistado en sí mismo, el movimiento podía quizá presumir de sus componentes, pero éstos nunca podrían ser contar con formar parte de un grupo de importancia. De hecho, de no haberse dado el descubrimiento de los documentos del mar Muerto, su lugar en las historias del judaísmo del segundo templo se vería reducido a unas escasas líneas.

El llamamiento de Jesús también planteaba la situación de pecado de todos los hombres y mujeres y, asimismo, incidía en que nadie podía salvarse por sus medios (Lucas 15, 1-32; Juan 15, 5; etc.). Pero, a la vez, no ponía límites a los que desearan acudir a él. No se trataba de entrar en el club de los puros o en una hermandad de perfección. Era más bien un llamamiento esperanzado dirigido a todos (desde la prostituta hasta el inválido, desde el recaudador de impuestos hasta el centurión romano, desde el escriba hasta el pescador, desde el judío hasta el no judío) a fin de que aceptaran la oportunidad que Dios les estaba dando de cambiar sus vidas para mejor para tener vida y «tenerla en abundancia» (Juan 10, 10). Nadie era llamado a una existencia de mortificaciones, sacrificios o penitencias como las de Qumrán, sino a un disfrute del amor de Dios y de la unión con los demás. En otras palabras, y por usar una simbología de Jesús, Dios invitaba a la humanidad a un banquete y no a un ayuno. La llamaba no a formar parte de una organización religiosa, sino a tener una relación personal con él a través de Jesús. La culpa —tan presente en Qumrán— no tendría lugar en el futuro porque el hijo del hombre había cargado sobre sí en el momento de su muerte el pecado de toda la humanidad (Marcos 10, 45; Mateo 26, 27-8).

Por este motivo la enseñanza de Jesús, al contrario que la de Qumrán, aparece sencilla y, al mismo tiempo, aplicable a todos los ángulos de la vida. Era de tal manera que, aunque afirmara que la humanidad yacía bajo el control, más o menos evidente, del Diablo y sus demonios, esto no constituía razón suficiente para desanimarse. Tal dinámica venía a romperse con el inicio del ministerio de Jesús, un ministerio acompañado necesariamente de milagros y expulsiones de demonios que dejaban de manifiesto que el Diablo está siendo vencido y que el Reino había llegado e iniciado un sendero que desembocaría en la consumación cósmica.

Los que siguieran a Jesús no sólo sentirían ese poder del bien actuando en sus vidas sino que además experimentarían el perdón total de Dios, la presencia del Espíritu Santo, los resultados de una confianza absoluta en la Providencia y la felicidad de vivir un amor tan ilimitado que incluiría al enemigo y rechazaría la violencia en todas sus manifestaciones. Sin duda, esta forma de vida no puede ser sostenida por medios humanos y, por ello, seguramente, Jesús la consideró posible sólo en la medida en que estuviera fundamentada en una relación muy fuerte con Dios, precisamente el Dios cuyo carácter debían manifestar los seguidores de Jesús que vivieran la vida del Reino.

En segundo lugar, el paso del tiempo que se revelaba ferozmente desprovisto de compasión para la secta de Qumrán favorecía, por el contrario, al cristianismo. A medida que transcurrían los años, los esenios seguidores del Maestro de Justicia tenían que ser angustiosamente conscientes de que el fin prometido como cercano se manifestaba lejano. El fundador había muerto sin recibir la reivindicación esperada, tampoco Herodes había implantado el modelo teocrático de la secta del mar Muerto y, finalmente, el mismo enclave fue destruido. Por el contrario, los seguidores de Jesús asistieron –imaginamos que sorprendidos– al hecho de que la muerte de su maestro ni los había vencido ni los había convertido en un diminuto grupúsculo aislado de la realidad. Con el transcurrir de los años lo que otrora fue un timorato y reducido grupo trascendió de las estrechas fronteras de Israel y comenzó a extenderse por todo el cosmos recibiendo incluso un eco mayor que el despertado entre los judíos. Si algo demostraba la sucesión de los años era que, efectivamente, el pequeño grano de mostaza iba camino de convertirse en un gran árbol, como había indicado Jesús en una de sus parábolas.

Finalmente, había una diferencia radical entre ambos colectivos –el de los esenios de Qumrán y el de los seguidores de Jesús– que resulta decisiva para comprender el fracaso final del uno y el éxito y la supervivencia del otro en medio de circunstancias aún más difíciles. En el primero, el Maestro de Justicia sólo había dado muestras de ser un hombre pecador y, a fin de cuentas, como tal había muerto. Por el contrario, la convicción de los primeros cristianos era que con Jesús había sucedido algo distinto. Su condición no fue pecadora. Tampoco había sido meramente humana. Pero además sus discípulos estaban absolutamente convencidos de que la muerte no lo había vencido. Por el contrario, Jesús la había derrotado, resucitando al tercer día. Las victorias al producirse demostraban el poder del resucitado. Por el contrario, los sufrimientos resultaban oportunidades para comportarse como él, confortados por el Espíritu Santo y en la seguridad de que la muerte no había podido retenerlo en su seno. Ahora estaba ya sentado a la diestra del Padre y un día regresaría para consumar lo que había comenzado en un oscuro lugar del cosmos. Esta fe separaba al cristianismo esencialmente de Qumrán. Le daba impulso para vencer y resistencia frente a los reveses. Le proporcionaba una sólida respuesta frente al terrible interrogante planteado por la muerte y llevaba a someterse a una ética excesiva garantizada por el mismo Hijo de Dios. La cruz no había sido el final, como hubieran deseado las autoridades del templo o el propio Poncio Pilato. En buena medida, lo que se podría afirmar es que se había convertido en el principio. Algunos años después de la muerte de Jesús, un discípulo suyo, que, de manera bien significativa, antes había sido perseguidor de los cristianos, resumiría magistralmente esta visión específica:

> Además os declaro, hermanos, el Evangelio que os he predicado, el que también recibisteis, en el que perseveraréis; por el

que sois salvos, si mantenéis la palabra que os he predicado (de lo contrario, habríais creído en vano). Porque, en primer lugar, os he enseñado lo que yo recibí también: que el Mesías murió por nuestros pecados, de acuerdo con las Escrituras; y que fue sepultado, y que resucitó al tercer día, de acuerdo con las Escrituras; y que se apareció a Pedro, y después a los doce. Después se apareció a más de quinientos hermanos a la vez, de los cuales muchos viven todavía, y otros ya han muerto. Después se apareció a Santiago; después a todos los apóstoles; y al último de todos, como a un abortivo, se me apareció a mí. [I CORINTIOS 15, 1-8.]

Los testigos de que Jesús había resucitado, de que había vuelto de entre los muertos, de que había vencido a la muerte, se contaban por docenas –quizá por centenares– un par de décadas después de su ejecución en la cruz. Se podía hablar con ellos, interrogarlos, consultarles. Los discípulos del Maestro de Justicia –dicho sea de paso, los de cualquier fundador de cualquier religión– no podían decir lo mismo.

Finalmente, ésa era la diferencia no única, pero sí más esencial. La muerte del Maestro de Justicia había sumido a sus seguidores en la espera de una reivindicación que sólo podría adivinarse como futura. Por el contrario, la de Jesús, que sus discípulos anunciaron seguida por su resurrección, había convencido a éstos de que aquel que pretendió ser el Mesías-siervo había sido reivindicado por Dios. Con la muerte del Maestro de Justicia, se había iniciado, aunque no se percibiera así, la agonía del movimiento fundado por él. Sin embargo, con la ejecución de Jesús, sus seguidores recibieron un impulso incontenible que pronto trascendió del mundo judío. Para los sectarios de Qumrán era patente que el Maestro de Justicia había muerto y que sólo se levantaría en la resurrección del final de los tiempos, mientras que para los cristianos, Jesús, había resucitado al tercer día. Uno se había sumido en el insondable abismo de la muerte; el otro había regresado del mismo abriendo una senda de luz incomparable a sus seguidores. No es extraño que, unas décadas después, uno de ellos escribiera que si Jesús no hubiera realmente resucitado, su fe carecería de sentido (I Corintios 15, 13-5). Finalmente, en las raíces de esa fe quedaban resumidas, de manera indiscutible, todas las razones del agostamiento qumraní y del triunfo cristiano. Pero también de la inmensa superioridad del punto de partida de la fe de los discípulos de Jesús comparada con la de los fieles de otras creencias.

Bibliografía

La literatura sobre Qumrán es muy extensa, hasta el punto de recogerse desde hace años en repertorios bibliográficos específicos. Entre éstos, recomendamos el de Fitzmyer, J. A., *The Dead Sea Scrolls: Major Publications and Tools for Study*, Atlanta, 1990. En la presente bibliografía, hemos seleccionado sólo algunas de las obras específicas relacionadas, única y exclusivamente, con Qumrán y el Nuevo Testamento. Para otros temas concretos (funcionamiento de la comunidad, visión del Mesías, historia de la época, etc.), remitimos a la bibliografía particular de cada uno de los capítulos.

Debe tenerse en cuenta también que, al no haberse publicado la totalidad de los materiales de Qumrán antes del final de 1992, la presente obra es la primera en que se han podido utilizar, a diferencia de las aquí citadas.

Del Agua, A., *El método midrásico y la exégesis del Nuevo Testamento*, Valencia, 1985.
Alon, G., *The Jews in their Land in the Talmudic Age*, Cambridge y Londres, 1989.
Badia, F., *The Qumran Baptism and John the Baptist's Baptism*, Lanham, 1980.

Baron, *The Servant of Jehovah*, Londres, 1922.

Barth, G., *El bautismo en el tiempo del cristianismo primitivo*, Salamanca, 1986.

Barth, M., *Rediscovering the Lord's Supper*, Atlanta, 1988.

Ben-Sasson, H. H., *History of the Jewish People*, Cambridge (MA) (según las nuevas siglas), 1976.

Black, M., *The Scrolls and Christian Origins*, Nueva York, 1961.

—, (ed.), *The Scrolls and Christianity*, Londres, 1969.

Braun, H., *Qumran und das Neue Testament*, 2 vols., Tubinga, 1966.

Bruce, F. F., *New Testament History*, Nueva York, 1980.

—, *New Testament Development of the Old Testament Themes*, Grand Rapids, 1989.

Carmignac, J., *Christ and the Teacher of Righteousness*, Baltimore, 1962.

Casciaro Ramírez, J. M., *Qumran y el Nuevo Testamento*, Pamplona, 1982.

Cullmann, O., *Baptism in the New Testament*, Londres, 1950.

—, *El Estado en el Nuevo Testamento*, Madrid, 1966.

—, *Jesús y los revolucionarios de su tiempo*, Madrid, 1971.

—, *Christology of the New Testament*, Londres, 1975.

Dale, J. W., *Baptizo*, Filadelfia, 1991.

Daniélou, J., *The Dead Sea Scrolls and Primitive Christianity*, 2.ª ed., Baltimore, 1963.

Diez Macho, A., *Jesucristo «único»*, Madrid, 1976.

Driver, J., *Militantes para un mundo nuevo*, Barcelona, 1977.

Edersheim, A., *La vida y los tiempos de Jesús el Mesías*, Terrassa, 1988.

Flusser, D., *Jesús en sus palabras y su tiempo*, Madrid, 1975.

—, *El cristianismo, una religión judía*, Barcelona, 1995.

—, «El Hijo del hombre», en Toynbee, A. (ed.), *El crisol del cristianismo*, Madrid, 1988.

Fujita, N. S., *A Crack in the Jar*, Nueva York, 1986.

Graystone, G., *The Dead Sea Scrolls and the Originality of Christ*, Nueva York, 1956.

Guevara, H., *Ambiente político del pueblo judío en tiempos de Jesús*, Madrid, 1985.

Hengel, M., *El Hijo de Dios*, Salamanca, 1978.

—, *The Charismatic Leader and His Followers*, Edimburgo, 1981.

Herford, R. T., *Christianity in Talmud and Midrash*, Londres, 1905.

Jeremias, J., *The Servant of God*, Londres, 1957.

—, *Teología del Nuevo Testamento, I*, Salamanca, 1980.

—, *Abba y el mensaje central del Nuevo Testamento*, Salamanca, 1983.

—, *Jerusalén en tiempos de Jesús*, Madrid, 1985.

Juster, J., *Les juifs dans l'Empire romain*, París, 1914.

Klausner, J., *Jesús de Nazaret*, Buenos Aires, 1971.

Knohl, I., *The Messiah before Jesus. The Suffering Servant of the Dead Sea Scolls*, Berkeley, 2000.

Krauss, S., *Das Leben Jesu nach jüdischen Quellen*, Berlín, 1902.

Ladd, E., *El Evangelio del Reino*, Miami, 1974.

LaSor, W. S., *The Dead Sea Scrolls and the New Testament*, Grand Rapids, 1972.

Leivestad, R., *Jesus in his own Perspective*, Minneapolis, 1987.

Levey, S. H., *The Messiah: An Aramaic Interpretation*, Nueva York, 1974.

Manson, T. W., *The Servant-Messiah. A Study of public ministry of Jesus*, Manchester, 1953.

Muñoz León, D., *Dios-Palabra: Memra en los Targumim del Pentateuco*, Valencia, 1974.

Pérez Fernández, M., *Tradiciones mesiánicas en el Targum palestinense*, Valencia y Jerusalén, 1981.

Van der Ploeg, J. (ed.), *La secte de Qumran et les origines du Christianisme*, Brujas, 1959.

Robinson, J. A. T., *Redating the New Testament*, Filadelfia, 1976.

–, *The Priority of John*, Londres, 1985.

Rowley, H. H., *The Dead Sea Scrolls and the New Testament*, Londres, 1957.

Schürer, E., *The History of the Jewish people in the Age of Jesus Christ*, Edimburgo, 1987.

Smallwood, E. M., *The Jews under Roman Rule*, Leiden, 1976.

Stauffer, E., *Jesus und die Wüstengemeinde am Toten Meer*, Stuttgart, 1960.

Stendhal (ed.), *The Scrolls and the New Testament*, Nueva York, 1957.

Thiering, B. E., *The Gospels and Qumran*, Sydney, 1981.

Vermes, G., «The Impact of the Dead Sea Scrolls on the Study of the New Testament» en JJS, 27, 1976, pp. 107-116.

Vermes, G., *Jesús el judío*, Barcelona, 1977.

–, *La religión de Jesús el judío*, Madrid, 1996.

Vidal, C., *Los esenios y los rollos del mar Muerto*, Barcelona, 1993.

–, *Los documentos del mar Muerto*, Madrid, 1993.

–, *El Documento Q*, Barcelona, 2005.

–, *El testamento del pescador*, Barcelona, 2004.

–, *Los manuscritos del mar Muerto*, Madrid, 1993.

–, *Los rollos del mar Muerto: toda la verdad*, Madrid, 1994.

–, *Diccionario de las tres religiones monoteístas: judaísmo, cristianismo e islam*, Madrid, 1992.

–, *Diccionario de Jesús y los Evangelios*, Estella, 1995.

–, *El judeo-cristianismo palestino en el siglo I: de Pentecostés a Jamnia*, Madrid, 1995.

–, *Diccionario de historia de las religiones*, Barcelona, 1997.

–, *Diccionario de historia del cristianismo*, Estella, 1999.

–, *Textos para la historia del pueblo judío*, Madrid, 1995.

Planeta

España
Av. Diagonal, 662-664
08034 Barcelona (España)
Tel. (34) 93 492 80 36
Fax (34) 93 496 70 58
Mail: info@planetaint.com
www.planeta.es

P.º Recoletos, 4, 3.ª planta
28001 Madrid (España)
Tel. (34) 91 423 03 00
Fax (34) 91 423 03 25
Mail: info@planetaint.com
www.planeta.es

Argentina
Av. Independencia, 1668
C1100 ABQ Buenos Aires
(Argentina)
Tel. (5411) 4382 40 43/45
Fax (5411) 4383 37 93
Mail: info@eplaneta.com.ar
www.editorialplaneta.com.ar

Brasil
Rua Ministro Rocha Azevedo, 346 -
8.º andar
Bairro Cerqueira César
01410-000 São Paulo (Brasil)
Tel. (5511) 3087 88 88
Fax (5511) 3898 20 39

Chile
Av. 11 de Septiembre, 2353, piso 16
Torre San Ramón, Providencia
Santiago (Chile)
Tel. Gerencia (562) 431 05 20
Fax (562) 431 05 14
Mail: info@planeta.cl
www.editorialplaneta.cl

Colombia
Calle 73, 7-60, pisos 7 al 11
Bogotá, D.C. (Colombia)
Tel. (571) 607 99 97
Fax (571) 607 99 76
Mail: info@planeta.com.co
www.editorialplaneta.com.co

Ecuador
Whymper, N27-166, y A. Orellana,
Quito (Ecuador)
Tel. (5932) 290 89 99
Fax (5932) 250 72 34
Mail: planeta@access.net.ec
www.editorialplaneta.com.ec

Estados Unidos y Centroamérica
2057 NW 87th Avenue
33172 Miami, Florida (USA)
Tel. (1305) 470 0016
Fax (1305) 470 62 67
Mail: infosales@planetapublishing.com
www.planeta.es

México
Av. Insurgentes Sur, 1898, piso 11
Torre Siglum, Colonia Florida, CP-01030
Delegación Álvaro Obregón
México, D.F. (México)
Tel. (52) 55 53 22 36 10
Fax (52) 55 53 22 36 36
Mail: info@planeta.com.mx
www.editorialplaneta.com.mx
www.planeta.com.mx

Perú
Grupo Editor
Jirón Talara, 223
Jesús María, Lima (Perú)
Tel. (511) 424 56 57
Fax (511) 424 51 49
www.editorialplaneta.com.co

Portugal
Publicações Dom Quixote
Rua Ivone Silva, 6, 2.º
1050-124 Lisboa (Portugal)
Tel. (351) 21 120 90 00
Fax (351) 21 120 90 39
Mail: editorial@dquixote.pt
www.dquixote.pt

Uruguay
Cuareim, 1647
11100 Montevideo (Uruguay)
Tel. (5982) 901 40 26
Fax (5982) 902 25 50
Mail: info@planeta.com.uy
www.editorialplaneta.com.uy

Venezuela
Calle Madrid, entre New York y Trinidad
Quinta Toscanella
Las Mercedes, Caracas (Venezuela)
Tel. (58212) 991 33 38
Fax (58212) 991 37 92
Mail: info@planeta.com.ve
www.editorialplaneta.com.ve

Grupo 🌐 Planeta   Planeta es un sello editorial del Grupo Planeta   www.planeta.es

Este libro se imprimió en
Brosmac, S. L.
Móstoles (Madrid)